RESTAUR
Pilsner Urquell
Pilsner Urquell

HERBiG *Horizonte*

Thomas Veszelits

Goldene Gassen, flüchtende Schatten

Prag, die Hauptstadt der Illusion

Mit 46 Fotos von Thomas Veszelits

Herbig

Bildnachweis:

Alle Abbildungen: © Thomas Veszelits

Besuchen Sie uns im Internet unter:
www.herbig-verlag.de

Umschlaggestaltung: Wolfgang Heinzel
Umschlagbild: Thomas Veszelits
Lektorat und Bildredaktion: Anne Filsinger
Herstellung und Satz: VerlagsService Dr. Helmut Neuberger
& Karl Schaumann GmbH, Heimstetten
Gesetzt aus der 10/13 Punkt Sabon
Druck und Binden: GGP Media GmbH, Pößneck
Printed in Germany
ISBN 978-3-7766-2561-5

Für Liane, Peter
und Merrianne

Inhalt

1
Ich bin ein Prager …

»Prag galt als eine Stadt, in der weltweit das schönste Deutsch gesprochen wurde, denn die Prager pflegten nur auf Tschechisch zu fluchen.« –
Egon Erwin Kisch

WILLKOMMEN IN DER HAUPTSTADT der Illusion. Pardon, Welthauptstadt meine ich. Die Wandlungsfähigkeit dieser Metropole ist immens. Nach der Wende, 1989, sprach man über Prag wie über ein neuzeitliches Babylon. Der Papst kam – und fühlte sich hier wie in Rom. US-Präsident Bill Clinton, von seinem Amtskollegen Václav Havel eingeladen, reiste ebenfalls an die Moldau. Im *Reduta Club* erklomm er spontan das Podium, legte ein Saxophonsolo hin und jubelte: »Ich bin ein Prager!« – so wird's erzählt.

»Nein«, widerspreche ich den Fans: »Richtig heißt es: Ick bin ein Berliner und das war Kennedy an der Berliner Mauer.« – »Mag sein«, dröhnt es mir dann unwirsch entgegen, »aber Clinton hat in Prag das Gleiche gesagt. So sind halt die Amis.« – Und so sind die Prager!

Über Bushs Besuch in Prag redet keiner, obwohl er auch einen Satz auf Tschechisch lernte: »Vojáci nazdar!« – Sinngemäß heißt das: »Soldaten, Heil!« Und so grüßte er die in Reih' und Glied angetretene Burgwache auf dem Hradschin. Manchen Altpragern lief es dabei eiskalt über den Rücken. Der Führer! Manche Erinnerungen sind schlimmer als Albträume.

Mitten in der Moldau: Ein Stuhl für die Phantasie

Nicht die Gnade in Prag geboren zu sein zählt, sondern die Überzeugung, hier an dem besten Platz der Welt zu sein. Drüben und hüben, nur die wenigsten Lokalpatrioten können nachweisen, dass sie länger als seit zwei Generationen in Prag ansässig sind. Alle anderen sind Einwanderer – oder sagt man jetzt Zuwanderer? Das sind in Prag seit Anfang 1900 knapp eine Million Menschen!

»Also, liebe Prager«, meine ich, »die alteingesessenen Prager unter Euch sind so selten wie Eulen mit blauen Augen.« Nebenbei bemerkt, auch Kafkas Mutter stammte aus Podiebrad, einer Kurstadt für Herzleiden an der Elbe – und ich kam ganz weit weg, im Osten, auf die Welt, an der Grenze zur Ukraine. Trotzdem war mein Urgroßvater ein echter Prager, geboren in *Josefov*, dem jüdischen Viertel von Prag. Sein Sohn heiratete eine Jüdin aus Wien, ungarischer Herkunft,

Exit Kampa Museum: Die Brücke zum Himmel

geborene Kisch. Leider erfuhr ich es viel zu spät, aber meine Großmutter erzählte mir, dass es in der Verwandtschaft einen ganz berühmten Journalisten und Schriftsteller gab. Der Name sagte mir lange nichts: Egon Erwin Kisch. Unter den Kommunisten hat man ihn nirgendwo erwähnt, denn er war ein Weltbürger, und die galten wegen ihrer freiheitlich-kosmopolitischen Gesinnung als Feinde. Herr Kisch (heißt Klein) schrieb für das *Prager Tagblatt* – in Deutsch, was ganz schlimm war. Meine Generation wurde in der Schule nur über die Gräueltaten der Nazis unterrichtet. Auch Franz Kafka wurde totgeschwiegen. Obwohl er ein sehr kritisches Romanfragment schrieb: »Amerika«, eine Abrechnung mit dem menschenverachtenden System drüben, wo nur das Geld zählt.

Ich fühle das Prager Blut meines Urgroßvaters in meinen Adern, sobald ich das Prager Pflaster betrete. Als hätte ich schon zu Zeiten Rabbi Loews und Golems hier gelebt. Alles kommt mir vor wie ein Déjà-vu.

Wo soll ich nun am besten anfangen? Bei Franz Kafka? Die Spur führt zuerst zu den Engländern! – Sie brachten in der zweiten Hälfte des 19. Jahrhunderts viel Geld nach Prag. Dieser aufstrebende Industriestandort galt als das einträglichste Spekulationspflaster Europas – so eine Art Dubai. Die Briten sprachen schon damals von Investment. Als die ersten Touristen des beginnenden Industriezeitalters spielten sie eine überaus wichtige Rolle, auch für das Prager Kulturleben. Hatte man es bisher vorwiegend mit der deutschsprachigen Literatur zu tun, so kam man jetzt auch in Berührung mit der englischen. Es ist erwiesen: Ohne Charles Dickens hätte es keinen Franz Kafka gegeben. Angeregt von der Lektüre Dickens, fand Kafka seinen eigenen Stil. Kafka selbst bestätigt dies 1912 in einem Brief an seinen Freund Franz Werfel: »Ist es so schwer und kann es ein Außenstehender begreifen, dass man eine Geschichte von ihrem Anfang an in sich erlebt, vom fernen Punkt bis zu der heranfahrenden Lokomotive aus Stahl, Kohle und Dampf, sie aber auch jetzt noch nicht verlässt, sondern von ihr gejagt sein will …« – Dickens beherrschte diese Kunst der fesselnden Schilderung eben meisterhaft.

Die Lokomotive war auch für mich schicksalhaft. Die frühe Kindheit verbrachte ich in Marienbad. Das Schönste an dieser Zeit waren die Fahrten mit dem Zug nach Prag. Auf dem finalen Stück, nach Negrellis Eisenbahnbrücke über die Moldau, führte die Trasse auf Stahlstelzen in Höhe des ersten Stocks entlang der Mietshäuser. Man konnte in die Küchen, Stuben und Schlafzimmer der Anwohner blicken, bevor dann der Zug im schwarzen Schlund des »Weinberger Tunnels« verschwand. Für sechs Minuten tauchte man in völlige Dunkelheit ein. Die Lämpchen im

Abteil glimmten nur schwach. So stellte ich es mir bei Jules Vernes »20 000 Meilen unter dem Meer« vor – oben rattert die Straßenbahn, fahren die Autos, wimmelt es von Menschen und Häusern. Und dann wurde es langsam wieder hell; wir rollten in eine gigantische Stahlkonstruktion hinein und darunter hallte ein Echo wie in einer Tropfsteinhöhle.

Dieses fundamentale Erlebnis festigte in mir den Wunsch, ein echter Prager zu werden. Schon wegen des Hauptbahnhofs, den ich für das schönste Gebäude der Welt hielt. Oben mit einem apokalyptischen Steinadler auf einem Uhrenturm, seitlich von zwei weiteren Türmen flankiert, einer Burg ähnlich. Nach innen fielen bunte Lichtstrahlen durch eine gewaltige Glas-Stahlkuppel, wie in einem Dom. An der Außenfassade fanden sich rätselhafte Sphinxmasken. So stellte ich mir New York vor.

»Ich verstehe, was sie meinen«, sagte mir dazu ein Schriftsteller, »ich habe Bill Clinton die Hand geschüttelt, hier am Stammtisch. Dafür musste ich auch nicht bis nach New York fahren …« Wir hockten beim Pilsner Urquell in seiner Kneipe *U zlatého tigra* (Zum goldenen Tiger). Ich wurde gerade Chefredakteur in Prag und analysierte die Psyche dieser Stadt. Dieser Schriftsteller galt als der beste Kenner der skurrilen, kauzigen Prager Gesellschaft, obwohl er ursprünglich aus Brno (Brünn) stammte. Seine Frau Eliška hatte es übrigens mit ihm nicht leicht, »wenn er, der unerwartet erfolgreiche Schriftsteller, sein Honorar im Einkaufsnetz durch die Straßen Prags schleppte«. Es war Bohumil Hrabal. Mit dem zitierten Satz beschrieb er sich selbst. Er kaufte mir meine Theorie ab, dass Prag wie New York sei. Das freute mich ungemein.

Ein Historiker am Nebentisch klärte mich dann dahingehend auf, dass auch die Wiener Banken gerne in Prag investierten. Und so ist Prag das geworden, was es heute ist, die

Hauptstadt des europäischen Jugendstils – eine »Perle an der Moldau«.

In diesem Prag lasse ich mich gerne gedankenverloren treiben. Ziellos. Durch die Gassen, Laubengänge, Arkaden und Straßen, die scheinbar an einer Mauer enden, aber dort nur abknicken, dann in einem Tor verschwinden, wonach man weiter durch Innenhöfe schlendert, bis man sich in diesem Labyrinth völlig verirrt. Irgendwann findet man wieder zu einem Platz, staunt über die Brunnen, Statuen und noch mehr Tore. Wohin nun? Alle Wege führen zur Moldau, die durch Prag in einer S-förmigen Kurve fließt. Auf diesen verschlungenen, urbanen Pfaden hat man viel Zeit und Raum, über Geschichte zu sinnieren.

Die Deutschen in Prag sind immer noch ein unbewältigtes Kapitel. Über die Nazis und ihre unrühmlichen Zeiten ist viel die Rede. Manches kommt mir trotz aller Tragik so lächerlich vor wie in einem schlechten Theaterstück. Im Jahr 1940 tauften sie die »Palacký-Brücke« in »Mozart-Brücke« um. Im Mai 1945 nahm man dieses Schild sofort ab. Seitdem hängt dort wieder Palacký, der Name des größten tschechischen Historikers. Aber dessen Bücher liest heute niemand mehr. Heute studiert man Horoskope, wie schon zu Zeiten von Kaiser Rudolf II., als Johannes Kepler, ein Schwabe, Hofastrologe am Hradschin war (1600–1612). Wirklich neu sind die Gourmetberichte, viel spannender als der erste Prager Fenstersturz im Jahr 1419 vom Altstädter Rathaus. Wer weiß noch, wer die Hussiten waren? Nicht mal Gustav Husák, der grimmige KP-Chef der 1970er-Jahre als Nachfolger Dubčeks, sagt den Besuchern des *Palladiums* etwas. Das ist ein neues Shoppingcenter am Platz der Republik, außen Renaissance, innen Glas ohne Grenzen, kreatives Design, das Markenparadies schlechthin. »Prags Zentrum hat ein neues Gesicht bekommen«, verkündete die Presse zur Eröffnung.

Es ging überraschend schnell. Dabei fing alles fast romantisch, unbedarft an. Als ich nach der Wende die ersten Donuts mit dickem Schokoguss in Prag probierte, war das in einem kleinen griechischen Café am Hradschin: Zero-Design, jeder Stuhl anders, die Theke aus verschiedenen Brettern selbst gezimmert. Wie kommt ein Grieche nach Prag, wunderte ich mich? Jorgos, so hieß der Cafetier, erzählte mir über das Jahr 1952. Als die Militärs den Bürgeraufstand in Griechenland blutig niederschlugen, waren Sozialisten und Kommunisten, Anhänger von Nikos Belojannis, auf der Flucht. Über 5000 Familien nahm Prag auf, darunter auch

Jugendstil im jüdischen Viertel: Märchenhaft

seine Eltern. Jorgos kam im Stadtteil *Bubeneč* (sprich Bubenetsch = heißt Trommelfeld, weil dort im 19. Jahrhundert die Truppenübungsplätze seiner Majestät waren) auf die Welt. Er fühlt sich als ein waschechter Prager – womit wir wieder beim Thema sind.

Vor der Metrostation *Malostranská*: Ich kaufe mir an einem Kiosk die Zeitung. Ein asiatisches Gesicht grinst mich an. »Woher kommen Sie?«, frage ich ihn. Sein Grinsen wird noch breiter: »Vietnam, Kommunist …« Da erinnere ich mich schon. In Prag wurden in den 1960er-Jahren vietnamesische Studenten geschult. Als künftige Führungs- und Fachkräfte ihres Landes. Später kamen Flüchtlinge aus dem Vietnam-Krieg hinzu. Heute wird die Zahl der Tschecho-Vietnamesen mit 50 000 angegeben. Ein Teil davon emigrierte nach der Wende aus der ehemaligen DDR nach Tschechien. Jetzt sprechen sie vietnamesisch, deutsch und tschechisch. Mitunter bezeichnet man sie als die »Türken von Prag«. Ich freue mich über sie. Wenn ich nachts noch Obst auf der *Malá Strana* (Kleinseite) kaufe, wiegt mir meist ein Vietnamese die Tüte ab. Sie schlafen nie.

Als ich kürzlich mit meiner Frau durch Prag schlenderte, entdeckte sie in einem Orientbazar echte Pashmina-Schals aus Indien. Sagenhaft günstig. Den Laden führte ein Türke. Ich amüsierte mich darüber. »Gibt es viele Türken in Prag?«, fragte ich später meine Freunde. Einem platzte die Hutschnur: »Solange sie Filzhüte und Narrenkäppis aus Nepal verkaufen, ist alles in Ordnung. Aber jetzt ist sogar schon der neue Generaldirektor von Staropramen ein Türke! Was versteht der schon von tschechischem Bier!« – Eine ganze Menge offensichtlich. Tunç Cerrahoglu, so las ich in einem tschechischen Wirtschaftsmagazin, hat es geschafft, die marode Brauerei im 5. Prager Bezirk *Smíchov* erfolgreich zu sanieren und zu modernisieren.

Die Amerikaner in Prag. Die Wandlung der »goldenen Stadt« begann mit einem Stararchitekten aus Los Angeles. Das »Tanzende Haus« am rechten Jugendstilufer der Moldau, auch »Ginger und Fred« genannt. So beschwingt, kurvenreich swingt die Fassade, ein architektonisches Ausrufezeichen von Frank O. Gehry. Das Grundstück dafür erwarb eine Gruppe holländischer Investoren. »Das war entscheidend, denn sie wählten den Architekten. Die Prager allein wären wohl kaum auf Gehry gekommen«, erzählte mir ein befreundeter Architekt. »Und sie hätten auch nicht das Geld für den Bau gehabt, damals 1995.« Ein Glücksfall, den man heute besonders schätzt. Prag schaffte damit den Anschluss an die internationale Architektur-Avantgarde.

In *Vinohrady* (Weinberge) kennt heute jeder Richard Zoli und seine Ehefrau Bethea aus New York: Zwei Fernsehmoderatoren einer Sendung über Kunst und Design. In Prag wollten sie einen Bericht über den Jugendstil drehen. Gleich oberhalb vom Nationalmuseum, am Wenzelsplatz, verirrten sie sich in den Stadtteil. Dort entdeckten sie ein leer stehendes Mietshaus – viele standen dort leer. Roma hieß es. Schon in den Erdgeschossräumen entzündete sich ihre Phantasie: »Ist doch ideal für eine Fotogalerie, ein Café und eine Spaghetteria – die erste in Prag«, erzählten sie mir über ihre Anfänge. »Und da war noch der Keller, früher ein Kino, ideal für eine Disco.« Der Sound, die DJ's, die ersten Modeschauen dort, das war die wahre Revolution in Prag. Heute zählt das britische Magazin *Ministry* diesen Club, *Radost FX*, zu den 20 besten Clubs der Welt. Und Alain Delon, der verglich diesen Kultkeller mit *Le Bains* in Paris.

Ich finde es wegen des Publikums sogar noch besser. Allein schon die Garderobiere. Eine dunkelhäutige Schönheit. Wilde Lockenmähne, Typ Whitney Houston. Ich legte ihr meine Lederjacke auf die Theke, bekam eine Nummer und bedankte mich auf Englisch: »Thank You.« – »Prosím«, antwortete sie, »Bitte«, unverwechselbar pragerisch. Die Prager singen beim Sprechen. Verziehen melodisch die Selbstlaute, wahrscheinlich, weil es davon im Tschechischen so wenig gibt, wälzen sie die »as« und »os« besonders genüsslich auf der Zunge. Ich nahm an, die farbige Mantelhüterin wäre eine Amerikanerin. Ihr Vater kam aus Zaire, sie war das Kind einer Studentenliebe. Damals, in den 1960er-Jahren, studierten mehrere Hundert Afrikaner an der Prager Lumumba-Universität, getauft nach dem ersten unabhängigen Ministerpräsidenten der Demokratischen Republik Kongo. Sein Name wurde zum Inbegriff für ganz Afrika. Die Sowjets prägten die Parole: »Wer Afrika regiert, beherrscht die Welt.« Wir halfen tüchtig mit, dieses neokolonialistische Ziel von einem kommunistischen Weltimperium umzusetzen. Aber wir wussten zugleich: Die Sowjetunion ist ein Koloss mit Füßen aus Lehm. Wie Golem, das Monster aus dem Prager Ghetto. Wir waren uns auch sicher, irgendwann würde er umfallen, wussten nur nicht, wann.

Die Karlsbrücke leuchtet, die Türme der Altstadt sehen aus wie Nadeln, stechen wie Dornenkronen, Disteln in den nächtlichen Himmel. Für einen Absacker ist die Terrasse von *Hergetova cihelna* (Hergets Ziegelei) ein super Tipp. Man hat einen wunderbaren Blick auf die Moldauschiffe. Zu den Machern, die geholfen haben Prag wieder so herauszuputzen, gehört Nils Jebens – ein Norweger. Man nennt ihn den Terence Conran von Prag. Diese alte Ziegelei, vormals eine hoffnungslos heruntergekommene Ruine, an deren Rettung wohl nicht mal mehr der liebe Herrgott geglaubt hatte, gilt nun als das Flaggschiff seines Gastronomieimperiums.

Tja, lieber Bohumil Hrabal, der du schon im Himmel bist, das ist es, was ich meine, wenn ich sage: Prag ist wie New

Hotel Hilton: Rückkehr des Kubismus

York. Es ist tatsächlich ein Schmelztiegel der Nationen geworden. Multi-Kulti war es schon immer, bereits zu Zeiten Karl IV., einem Luxemburger. Aber jetzt wird's richtig bunt: Ein Inder, Sanjiv Suri, führt eine Feinkostkette, die mit dem Münchener Feinkosthändler »Käfer« vergleichbar ist. Tommy Sjöö, der alte Schwede, 51 Jahre alt, blond, markig, typisch skandinavisch, gründete eine andere Restaurant-Gruppe. *Pravda*, nach dem sowjetischen Kommunistenblatt benannt, steht gleich neben der Altneuen Synagoge – im avantgardistischen Zeitungsdesign, schwarz-rot. Ein gleichnamiges Zwillingsrestaurant *Pravda* führt Tommy übrigens auch schon in Barcelona. Auch ein Renner, weil die spanischen Touristen dieses Lokal schon aus Prag kennen. Und wer macht die leckerste Pizza und Pasta in Prag? Zwei Kroaten, Jovo Savic und Goran Motika in den Ristoranti *Kogo* und *L'Angolo* – die Italiener sind hingerissen.

Von so erfolgreichen Einwanderern (oder doch Zuwanderern?) angestachelt, sind die Prager aufgewacht. Eine andere neue Restaurantkette, mit den besten Enten, Schweinebraten, Blutwürsten, Schupfnudeln mit Kraut und Speck in Prag, ist in tschechischer Hand von Josef Voltr. Das *Pállfy* Restaurant, eines meiner Lieblingslokale am Waldsteinplatz, betreibt Roman Řezníček (sprich Rzscheznitschek, heißt Metzgerlein). Echte Mozart-Atmosphäre beim Dinner mit Kerzenlicht.

Aber es ist nicht nur die Gastronomie, wo sich ausländische mit einheimischen Impulsen gegenseitig befruchten. Über 300 Joint-Venture-Unternehmen listet man inzwischen in Prag. »Auf dem Golfplatz«, so berichtete mir neulich ein Bekannter, »dachte ich, ich bin in Korea.« – Stimmt, seitdem ein koreanischer Autogigant den Generalangriff auf die japanische Konkurrenz in Europa von Tschechien aus führen will, schlagen die Koreaner die Bälle auf dem Golfplatz von Karlstein.

Zeitungsschicksal: Was stand wohl auf Seite Drei?

Es gibt immer mehr russische, kanadische, spanische, französische, österreichische und natürlich auch deutsche Manager, die sich an der Moldau heimisch fühlen. Bald findet man auch hier eine Marina mit Bootsstegen für die Yachten. Ein Stück Prag, vergleichbar mit den Docklands in London. Unterhalb von *Vyšehrady* (sprich Wischehradi, steht für Hohenburg) mit dem sagenumwobenen Libussa-Fels, von dem jene orakelhafte Fürstin aus den böhmischen Legenden ihre abservierten Liebhaber ins Wasser stürzen ließ, entsteht eine Uferpromenade. So wie in Paris entlang der Seine. Mit Cafés und Kiosken. Eine Bummelmeile mit Antiquariaten, Edeltrödlern, Kunsthändlern.

Und was liest man so in den Prager Cafés? Es gibt hier die amerikanische *The Prague Post*. Auferstanden ist auch die deutsche *Prager Zeitung*. Ob wieder etwas Neues über Kafka drinsteht? Der Dichter der atemlosen Beklemmung ist zur Symbolfigur der Stadt geworden – aber wer weiß schon, dass sein erster Verleger, Kurt Wolff, in Leipzig saß? Die Amerikaner bestimmt nicht. Die kommen nach Prag und versuchen Tschechisch zu lernen, um Kafka im Original lesen zu können. Kafka aber schrieb in Deutsch. Genauso wie Franz Werfel, der, in Prag geboren, als österreichischer Schriftsteller berühmt geworden ist. Er publizierte sogar in der ungarischen deutschsprachigen Zeitung *Pester Lloyd*, bevor er wegen den Nazis ins amerikanische Exil ging. Das Zeitliche segnete er in Beverly Hills. Eine typische Prager Karriere. Ich hoffe, dafür ebenfalls auf einem guten Weg zu sein: Mit meinem Prager Herz, in Prag studiert, vor den Sowjetpanzern nach Deutschland geflüchtet, wollte es das Schicksal, dass ich in München ausgerechnet in der Kafkastraße wohne. Dort schreibe ich über Prag und erkläre diese Lieblingsstadt Mozarts zum New York Europas.

2
Hunde haben keine Religion

Der Prager wirft einen Blick auf die Lebenslügen seiner Mitmenschen und gibt seinen Senf dazu. Er kann darüber auch dann lachen, wenn der böse Spritzer ihn selbst trifft.

PRAG IST DIE STADT, der man nachsagt, ihre Einwohner hätten besonderen Sinn für Humor. Viel Sinn sogar, in allen Farben: schwarz, grau, weiß, gelb, grün, rot – so wie die Kleider im Schrank. Für jeden Tag also einen anderen Humor. Stimmt das? Ich habe noch nie einen Prager getroffen, der über sich selbst gesagt hätte: »Ich habe Humor« – höchstens, und das höre ich öfters, gibt er den guten Rat: »Nehmen Sie's nicht so ernst.« Wie das funktioniert, dafür habe ich folgende Gebrauchsanweisung gefunden.

Beschwingt fühlt man sich auf dem Prager Pflaster. Ich merke bei jedem Schritt, wie mir Flügel wachsen, der Kopf leichter und der Puls schneller wird. Sorglos auf Prags Straßen zu spazieren – es gibt nichts Schöneres. Ich fotografiere dabei leidenschaftlich gern. All' die schönen Fassaden, mit schwer bepanzerten Rittern an den Ecken, barbusigen Feen über den Eingängen, die schweren Adlerstatuen auf den Dächern, die siebenschwänzigen Drachen in den Erkern, den heiligen Hubertus mit Hirsch in den Nischen, die steinernen Löwen vor den Portalen. Ich sage Euch, Freunde, da ist schon was los, auf den Häusern von Prag. Da tobt die Fantasie, Engel schlagen Purzelbäume, Giganten kämpfen mit Keulen gegeneinander und die Steinheiligen schauen scheinheilig. Manchmal zwinkern sie sogar, man muss sie nur lange genug beobachten. Wie die Fassaden ihrer prachtvollen Häuser, so sind auch die Prager selbst: Versteckt hinter einer ornamentalen, umständlichen Sprache, die mit viel Worten wenig sagt und deren tieferen Sinn und richtigen Zusammenhang man erraten muss. Das geht dann etwa so: Neulich in Prag riss mich eine Bemerkung aus meiner enthusiastischen Beschäftigung mit einer wundersamen koreanischen Kamera, die nach jeder Aufnahme mit einem Summton die erfolgreich abgeschlossene Digitalisierung des Bildes vermeldete.

»Ich weiß nicht, was Sie da machen, aber Sie machen es gut«, sagte im Vorbeigehen ein Mann zu mir, der wahrscheinlich dieses Surren auch vernahm. Ich kam gerade aus der Hocke wieder nach oben, denn ich hatte aus der Froschperspektive die Gestalten fotografiert, die auf den Stufen zum Hügel *Petřín* (sprich Petrschien) stehen: Bronzene Statuen. Dem Mann in seiner zerknautschten Windjacke gefallen sie auch, dachte ich mir. Oder hat er etwas ganz anderes gemeint? Bald ertappte ich mich, dass ich zu jemandem, der mir durch seine Unachtsamkeit den Weg versperrte, spontan sagte: »Ich weiß nicht, was Sie da machen, aber Sie machen es gut.« – Wenn einem etwas gegen den Strich geht, ist es besser darauf positiv zu reagieren, als sich zu ärgern. Das hilft, über die widrigen Umstände leichter hinwegzukommen, das kann den Tag retten. Ein Prager Tipp!

»Kde domov můj ...?« – Wo ist meine Heimat? Mit dieser Frage beginnt die tschechische Hymne. Sie stimmt melancholisch. Kein so lärmendes Tschingdarassabum wie bei den Österreichern, kein so affektiertes Tirilli-Tirilla wie bei den Franzosen oder so ein wuchtiges Rummsdingsbums wie bei den Russen. Nein, bei dem tschechischen nationalen Lobgesang kommen einem schon beim ersten Ton fast die Tränen der Rührung. Die tschechische Seele ist eben überaus empfindsam. Das Problem aber ist nicht, dass der Tscheche etwa nicht wüsste, wo seine Heimat liegt; er weiß bloß nicht, wie er sich mitunter in seiner eigenen Haut fühlen soll. Er leidet unter einer chronischen Identitätskrise. Der Tscheche sagt zwar, er ist ein Tscheche (genauso, wie der Prager ein Prager ist), aber er fühlt sich immer anders. Diese Analogie unterliegt bestimmten Modeströmungen, ist wechselhaft wie das Klima.

Im Grunde fühlen sich die Tschechen als Slawen, aber das reicht nicht. So begannen sie im 19. Jahrhundert den Germanen nachzueifern und holten sich Anleihen aus deren geistigem Reservoir. Es entstanden die altslawischen Legenden, eine Art tschechische Version der Nibelungensaga. Kaum hielten diese Legenden von der orakelhaften Fürstin Libussa in der Barockoper von Antonio Denzi 1734 Einzug in die Oper und wurden zu einem eigenständigen Kulturgut der Nation, da begannen sich die Tschechen wie die Briten zu fühlen und verfielen der geisterhaften Romantik. Von Engländern und Deutschen historisch enttäuscht, hielten sie sich vorübergehend für die Brüder der Russen. Danach glaubten sie, das verlorene Volk vom Stern der Andromeda zu sein, einfach heimatlos – wie in der ersten Strophe der tschechischen Nationalhymne.

Nach der »Samtenen Revolution« schwappte plötzlich die irische Welle nach Prag. Und das lag an den Hunden. Die Prager, von denen jeder zweite sich einen Hund hält, haben herausgefunden, dass es noch so ein hundevernarrtes Volk gibt – die Iren. Vor allem diejenigen, die in Belfast leben. Also fühlte sich die Prager Seele mit der irischen verwandt und begann, das Vorbild von Dublin nachzuahmen, was man bald an der wachsenden Zahl der irischen Pubs in Prag merken konnte. Als gäbe es nicht genügend Wirtshäuser mit *Prazdroj*, *Staropramen* und dem *Velkopopovický kozel* (Großpopowitzer Bock), schossen die Guinness-Kneipen wie

Pilze aus dem Boden. *James Joyce* oder *Ulysses* hießen sie und das Prager Volk grölte drinnen irische Volkslieder. Und als der irische Film von Miriam de Búrca »Dogs Have No Religion« in den Prager Kunstkinos lief, da war es geschehen. Der Satz, den ein Belfaster Taxifahrer sagte, wurde zum lokalpatriotischen Bekenntnis: »Hunde haben keine Religion.«

Welche Bewandtnis es mit dieser Erkenntnis hat, erklärte mir ein freundlicher Zecher in der Kleinseitener Kneipe *Baráčnická rychta* (sprich barátschnická richta). »Hunde haben keine Konfession. Ein Hund ist weder Protestant, Katholik, Jude oder ein Deutscher, nichts, er ist nur ein Hund.

Apport! – Die Prager, ein hundevernarrtes Volk

Es bedeutet nicht, dass wir Hundebesitzer keine Probleme haben, wenn wir uns mit unseren Promenadenmischungen über den Weg laufen. Aber wir haben alle ein gemeinsames Ziel: Mit unseren Lieblingen Gassi zu gehen. Vielleicht würde der eine oder andere gerne jemanden umbringen, aber solange er mit dem Hund spazieren geht, bleibt er friedlich.« – Das ist Prager Wirtshausphilosophie!

Der Deutsche würde diesen Satz sofort in Zweifel ziehen, als inkonsequent, unlogisch, kontrovers. Er enthalte in sich Brüche und an sich jede Menge Ungereimtheiten. Aber, und das ist der Unterschied, der Tscheche versteht ihn so, wie er ist, also wie die Iren auch – ohne Diskussion. Das heißt, es

Glücksbringer: Der Hund von König Wenzel IV., Bronzerelief auf der Karlsbrücke

gibt immer Dinge, über die man nicht debattiert, die man einfach so hinnimmt, weil der Satz einfach schön ist, gut klingt. Und ich stelle fest: Etwas ist schon an dieser Hundeparabel dran, man muss nur darüber grübeln, was. Wer es aber schafft, so in sich gekehrt zu philosophieren, kommt bald der pragerischen Sinnfindung auf den Grund. Und da gibt es einen Punkt, an dem sich die Prager diesmal mit den Wienern einig sind: »Das Leben selbst ist ein Walzer, bei dem sich die Tänzer so lange und so schnell drehen, bis sie die Besinnung verlieren.«

Woher stammen solche Binsenweisheiten? Natürlich aus Prag! Wien als Hauptstadt der Monarchie lockte seinerzeit auch die Prager. Wer es in Prag nicht schaffte, versuchte es in Wien, und umgekehrt. Zeitweilig gab es mehr Tschechen in Wien als in Prag. Die Namensschilder in der Wiener Altstadt bezeugen dies eindrucksvoll: Chaloupka, Dostal, Dolezal, Janecek, Jelínek, Musil, Nowotný, Odstrcil, Polívka, Pospisil, Soukup, Veselý. In der deutschen Übersetzung sind das durchwegs ulkige Namen wie: Herr Kleinhütchen, Hatbekommen, Kleinhänschen, Hirschlein, Musstewohin, Weggestoßener sowie die Herren Suppe, Eiliger, Tuchhändler und Lustig. Die Namen decken sich meist symbolträchtig mit den Berufen, die diese Tschechen ausübten: Herr Kvapil (also Hurtig) war tatsächlich ein Kapellmeister, der eine besonders flotte Polka-Form erfand – bam-pa-ram-pa-pa. Nach ihm wurde sie *Kvapík* benannt – auf Wienerisch: Tritsch-Tratsch-Polka. Johann Strauß machte das böhmische Original dann weltberühmt.

Aber nicht jeder Tschech' war ein Musikus. Es waren viele Kellner (schnell wie Herr Pospisil-Eiliger) oder Hutmacher (wie Herr Chaloupka-Kleinhütchen) dabei. Herr Klimt wurde zum Malerfürsten des Jugendstils, sein Name leitet sich von dem tschechischen Wort für »Dösen, Nickerchen halten« ab – also klímat. Der Herr Liska (auf deutsch

Fuchs), ein Kürschner, wurde zum größten Pelzhändler Österreichs, kein Wunder bei diesem Omen. Auch sonst kamen noch viele Schneider, Schuster, Gerber, Regenschirmmacher, Floristen, Lieferanten für Furniere und Scharniere, Köchinnen, Kammerzofen, Putzfrauen, Wäscherinnen, Tänzerinnen, Sängerinnen und Kupplerinnen, die die böhmischen Mädels an die Herrschaften aus feinem Hause vermittelten. Die gibt es in Wien sogar bis heute.

Kurzum: Dieses fleißige Böhmervolk ergab eine bodenständige Mischung, die sich mit dem hochkarätigen Wiener Blut vermengte. Und siehe da: Der Wiener Schmäh ist Prager Ursprungs. Im Tschechischen wäre er nur auf eine kleine Sprachgruppe beschränkt geblieben, aber als man diese hohle Konversationshülse ins Wienerische implantierte, wurde sie zum Hauptstadtjargon der Monarchie. Was für ein Aufstieg! Begriffe wie »totschweigen«, das »verkannte Genie« und selbst der berühmteste Ausspruch von Johann Nestroy hat Prager Wurzeln: »Die edelste Nation unter allen Nationen ist die Resignation.« Und auch dieses typisch Wienerische, sich für absolut nichts zuständig zu fühlen und sich nicht zur Verantwortung ziehen zu lassen, ist eigentlich typisch pragerisch. Was noch?

Ich wandere durch Prag und mache mir Notizen über den Alltag. Vor dem Fahrkartenautomat an der U-Bahnstation steht ein Vater mit seiner kleinen, vielleicht fünf Jahre alten Tochter. Papa wirft die Münzen in den Schlitz. Es raschelt und rattert blechern. Die Maschine spuckt das Geld wieder aus. Der zweite Versuch schlägt fehl. Der dritte genauso sowie, verflixt noch mal, der vierte auch. Es ist wie verhext. Die Münzen kullern immer wieder heraus. Trotzdem gibt der Vater noch nicht auf. Da sagt die Tochter zu ihm: »Vielleicht sind es nicht Münzen aus Prag, an die der Automat gewöhnt ist. Du wirfst welche hinein, die von woanders herstammen, die kennt er nicht.« – Nett, sich vorzustellen, dass der Automat auch nur ein Mensch ist: Was er nicht kennt, das frisst er nicht.

Daran hätte man einen kleinen, grauen Felsenhai im Hotel *Roma* auf der Kleinseite rechtzeitig erinnern müssen. Dort im lichtdurchfluteten Atrium steht ein riesiges Aquarium. »Hübsch haben Sie's hier«, schmeichelte ich der Rezeptionistin Marketka, »mit so einem lebhaften Maskottchen«, und blickte zu dem winzigen Verwandten des Weißen Hais hinüber. Seine Haut schimmerte seidig wie ein feiner Damenstrumpf. Brav drehte er seine Runden, in regelmäßigen Bahnen, und mit so gleichmäßigem Tempo, dass ich fragte: »Ist er echt oder schwimmt dort ein Plastikfisch, angetrieben von diesen extrastarken Batterien?« Die Rezeptionistin lächelte über meine Bemerkung sichtlich amüsiert: »Er ist echt und er ist schon der zweite, den wir hier haben. Der erste hat uns leider verlassen.« – »Nanu«, wurde ich neugierig: »Wie denn das? Ist er etwa abgereist?« – »Gestorben ist er«, sagte Marketka traurig. – »Wissen Sie woran?«, hakte ich nach. – »Tja, er starb an Fischvergiftung.« – »Was? Ein Hai kann an Fischvergiftung sterben?«, ich schüttelte ungläubig meinen Kopf.

»Wir können nichts dafür, wir füttern ihn nicht. Das besorgt die Firma, die uns das Aquarium vermietet. Das da ist auch nur ein Leasing-Hai, er gehört uns gar nicht«, antwortete Marketka. Offenbar fasste sie meine Zweifel an der Fischvergiftung eines Hais als Vorwurf auf. Trotzdem musste ich noch mal nachlegen: »Und wie ist das passiert?« – »Die haben ihm ein mit Salmonellen verseuchtes Stück Fisch gegeben. Daran ist er verendet.« – »Ich nehme an, dieser hier ist jetzt Vegetarier«, entgegnete ich, worauf Marketka nur wiederholte: »Das kann sein, ich weiß es nicht. Ich füttere ihn nicht.«

Für den Abend hatte ich eine Einladung zu einer Party im *Schloss Troja*. Barock vom Feinsten. Im Rittersaal, unter den

Im Hotel Roma auf der Kleinseite: Der Verwandte des weißen Hais

gewaltigen Deckenfresken mit den griechischen Gottheiten, versammelte sich ein illustres Völkchen der Prager Neuschickeria. Fellini hätte diese Szene nicht schriller inszenieren können. Ich kannte hier kaum jemanden, aber ich machte mich bei einem mageren Wesen schlau: Who is who? Sie selbst sah aus wie Scarlett Johansson. Mein Instinkt hatte mich gut beraten, sie war eine Klatschreporterin. »Der Mann in dem Samtsakko mit dem Schachbrettmuster in Schwarz-Weiß ist der berühmte Popsänger Wondratschek«, sie zeigte auf einen Mann, der einem Clown ähnelte. – »Und sein Sakko?«, fragte ich. »Das ist eine Kreation von Magdalena Polívková«, antwortete die reizvolle Kollegin. Der Name Polívková ins Deutsche übersetzt macht hungrig: Frau Suppe. »Trägt man hier kein Armani, Dolce & Gabbana oder Versace, wenn man ein Promi ist?«, wunderte ich mich. »No, diese Designermarken trägt in Prag schon jeder. Das ist nichts Besonderes«, antwortete sie. »Wenn man auffallen will, muss man etwas Außergewöhnliches finden, am besten, sich ein Kleid selbst zeichnen und den Entwurf von Frau Polívková nach Maß nähen lassen.«

So sah ich bei diesem Fest Outfits, wie sie nicht mal in Monaco zu sehen sind. Einzelstücke vom Promischneider Herrn Vomáčka (sprich Womátschka = heißt Soße) und, noch ausgefallener, die Haute Couture des Jungdesigners namens Vokurka (sprich Wokurka = heißt Gurke). Über solche Namen lacht kein Prager. Im Gegenteil, eine »Gurke-Robe« ist allemal prestigeträchtiger als eine Kreation von Dior, weil sie individueller ist. Vielleicht waren die Vorfahren dieser Prager Jungdesigner tschechische Köche in Wien, brachten dort den Habsburgern die böhmische Knödelkultur bei. Jetzt machen die Nachfahren mit ihren gastronomischen Namen den Mailänder Marken Konkurrenz.

In der Burggalerie. Ich sehe die Hinweisschilder, aber erkundige mich trotzdem: »Gilt das Fotoverbot auch für Handys?« – Die Kassenfrau entrüstet sich: »Strikt verboten! Wir sind die Burg! Was glauben Sie, was würde man Ihnen sagen, wenn Sie im Petersdom in Rom fotografieren wollten? Unsere Bilder sind genauso wertvoll wie die im Vatikan. Da ist kein Unterschied in der Qualität.« – Das hörte sich an, als ob sie mir einen teuren Pulli verkaufen wollte. Ich nickte, die Frau überlegte noch kurz: »Ob man in Versailles fotografieren darf, das weiß ich im Moment nicht. Aber ich glaube nicht – oder warten sie mal …« und sie schob eine Denkpause ein, bevor sie absolut resolut auftrumpfte: »Nein! In Versailles geht's auch nicht.«

Nach der Besichtigung der Burggalerie streifte ich wieder an der Kasse vorbei, um mir die Öffnungszeiten zu notieren. Die Billettverkäuferin erkannte mich: »Ach, Sie sind wieder da … Also ich habe inzwischen mit meiner Kollegin gesprochen, sie hat es mir bestätigt: In Versailles darf man auch nicht fotografieren. Wenn Sie demnächst hinfahren, müssen Sie dort nicht mehr fragen, jetzt wissen Sie's schon genau.«

In der *Reitschule* der Burg wollte ich dann wieder unbedingt mit meiner kleinen koreanischen Wunderkamera knipsen. Der Einweiser wunderte sich: »Alle Gemälde, die hier hängen, gibt es bei uns als Ansichtskarten zu kaufen! Wozu die Umstände?« – »Gut, aber eine Ausstellung mit Fotoverbot, die schaue ich mir gar nicht an, weil ich mich sonst später an die Bilder nicht mehr erinnern kann«, versuche ich dem Aufpasser zu erklären. Mein Argument erschien ihm einleuchtend. »Da haben Sie Recht, Fotos sind ein gutes Mittel gegen Vergesslichkeit«, pflichtete er mir bei und winkte mich durch die Tür. »Gehen Sie, machen Sie viele Fotos, bei uns haben Sie's viel schöner als im Urlaub in Spanien.« – »Da bin ich ganz Ihrer Meinung«, quittierte ich.

Von allen Prager Galerien liebe ich die *Reitschule* am meisten. Egal, welche Bilder dort temporär, im Rahmen einer Wanderausstellung, hängen, mir geht es um den Duft. Warum es ausgerechnet hier so intensiv nach Ölfarben, Graphit, Kreide, Terpentin, Firnislack, Leinen und Kleister riecht, ist das Geheimnis dieser Großhalle, wo einst des Kaisers Pferde dressiert wurden. Auch im Nachhinein ist hier eine ganz bestimmte Duftmarke haften geblieben, offenbar durch die Jahrhunderte in die Mauern eingesogen. Man spürt den Atem der Pferde, wenn man ganz dicht an der Wand entlangschreitet. Feucht, dazu der Schweiß von ihrem Fell und das würzige Aroma der Rossäpfel – oder ist das alles nur Einbildung?

Die Räume dieser »Schnupper-Galerie« sind vorbildlich renoviert. Ich stecke meine Nase vorsichtig, damit ich nicht die Alarmanlage auslöse, so nah wie möglich an die Türen und die Rahmen und schnuppere am frischen Anstrich. Es riecht nach Nussöl. Auch die Bilder haben ihre eigene, unverkennbare Duftnote: Rembrandt verbreitet das Aroma von trockenem Hanf, der tschechische Meister des Kubismus, Emil Filla, verströmt die Essenz von karamellisiertem Rohrzucker. Bei Jan Zrzavý, dem Prager Salvador Dalí, ebenfalls mit einer Retrospektive hier präsent, hatte ich das Gefühl, Spuren von Bärendreck zu wittern, also Lakritze. Ich bin schon auf die nächste Ausstellung gespannt, wonach sie wohl duften wird?

Prager Humoresken. Auf Schritt und Tritt trage ich welche in mein Notizbuch ein. Solche wie die Geschichte mit dem Falschparken an der Ecke vom Hotel *U tří pštrosů* (Zu den drei Sträußen) bei der Karlsbrücke sind aber wirklich selten: »Guten Tag«, grüßte mich der Bulle mit der Glatze auf Deutsch. »Dobrý den«, antwortete ich auf Tschechisch. – »So? Sie sind Tscheche?«

»Ja – und ich wundere mich sehr: Ich stehe hier seit drei Tagen, können Sie mir erklären, warum ich erst am vierten Tag die Radkrallen wegen Falschparkens bekomme? Ist das Zufall?« – »Sie dürfen hier nicht stehen.« – »Die Rezeption sagte mir: Ich darf. Mit absoluter Ruhe im Gemüt« – so heißt es auf Tschechisch wörtlich, wenn man jemandem mit Nachdruck versichert, dass die Sache in Ordnung geht. – »Vielleicht wissen die nicht, dass man hier nicht parken darf«, erwiderte der Glatzkopf. »Ob sie das wissen oder nicht, das weiß ich nicht. Aber es ist denen auch egal. Ich zahle die Strafe.« – »Da haben Sie Recht.« – In diesem Moment merkte ich, dass wir auf der gleichen Wellenlänge lagen. Der Bulle schaute mich fast verständnisvoll an: »Wir machen's schon so, dass es nicht so teuer wird.« – Und er listete auf: »Radkralle mit Strafe – dafür gibt es eine Sofortkasse von 500 bis 2000 Kronen. Weniger als 500 Kronen kann ich nicht machen. Die Strafkupons gibt es nur im Wert von 500 Kronen. Sie bekommen einen, wenn Sie einverstanden sind.«

Während der eine Polizist mit mir den Fall regelte, bemühte sich der andere, die Kralle vom Rad zu lösen. Auf Tschechisch heißen sie *boty* oder *botičky* (sprich botitschky) – Schuhe oder Schühchen. Doch es ging nicht. Das Schloss brach innen. Ich schaute triumphierend zu: »Sehen Sie, ich hätte keine Radkralle bekommen dürfen. Das ist der Beweis. Sie sehen ja, Gerechtigkeit siegt, die Sperre ist kaputtgegangen.«

Der Polizist hörte zu, schaute zu. Jetzt hatte er ein Problem. Er musste einen Schlosser rufen, es war Sonntagnachmittag im Ferienmonat Juli: »Es kann ein, zwei Stunden dauern. Müssen Sie dringend weg?«, fragte der Polizist mitfühlend. – »Eigentlich schon, aber ich kann es mir irgendwie einrichten, machen Sie sich deshalb nicht verrückt.« – »Es tut uns wirklich leid, dass wir Ihnen Unannehmlichkeiten bereitet haben«, entschuldigte sich der Glatzkopf. Er begann hinter dem Schlosser herzutelefonieren. Ich verabschiedete mich. Der Glatzkopf versprach: »Wir nehmen Ihnen bestimmt heute noch die Radkralle ab und ich sage meinen Kollegen Bescheid, dass Sie (und darin lag eine besondere Betonung) hier parken. Es scheint, Ihr Auto mag diese Radschellen nicht.« – »Nicht besonders. Dann einen schönen Abend noch«, ich winkte den beiden Polizisten zu, als wären wir schon alte Bekannte.

Ich bin mir sicher, hätte ich mich auf die so typisch deutsche Art aufgeregt von wegen, »Ich bin Gast hier im Hotel, so eine Schweinerei, mir Radkrallen zu verpassen. Sie leben doch alle hier von den Touristen!«, dann hätte ich an dieser Stelle bestimmt keine weiteren zwei Tage ordnungswidrig parken dürfen. Ohne Knöllchen, ohne Radklammer. Der Glatzkopf hat's geregelt, als Entschädigung für die Panne.

In Prag hat das Leben in der Grauzone seine Technik. Sie hängt mit der Betulichkeit zusammen, zuerst einmal alles mit einem Augenzwinkern zu versuchen. Es ist fast, wie der

Bayer sagt: »A bisserl was geht immer« – was die Tschechen tatsächlich auch von den Bayern übernahmen, als die ihnen einst die Kunst des Bierbrauens beigebracht haben. Namentlich war es Josef Groll aus Vilshofen, Erfinder der Sorte Pils.

Der Prager Humor. Manchmal schmeckt er wie ein »Auflauf aus Blutwurst, Hundekuchen und Fliegendreck«, würde Jaroslav Hašek (sprich Haschek) sagen, der geistige Vater des Schwejk. Von ihm wird noch in einem eigenen Kapitel die Rede sein. Diese Abhandlung kann ich bereits mit der Behauptung abschließen, was nun den Prager am meisten an seinen Aphorismen freut: Dass er glaubt, der deutsche »Hanswurst« kapiert sie nicht. Und wann vergeht dem Prager das Lachen (sowie den Tschechen auch)?

Diese Grenzen erfuhr Ministerpräsident Mirek Topolánek an der eigenen Haut. Der als Gaudibursch' verschriene Grobian, für seine hemdsärmelige Art und brüske Sprechweise berüchtigt, der zu unbequemen Journalisten auch schon mal sagte »Leck mich ...«, wurde bei einer Pressekonferenz gefragt, wer ihm seine neue, goldene Uhr, die so auffallend an seinem Handgelenk glänzte, denn nun geschenkt habe (gemeint war: Ehefrau oder Geliebte). Der Premier antwortete nassforsch und noch dazu auf Deutsch (!): »Es kommt der Tag ...« – Die Journalisten waren entsetzt: Ein Satz mit nationalsozialistischem Vokabular. Damit begannen nach 1935 die sudetendeutschen fanatischen Anhänger von Konrad Henlein den Tschechen zu drohen. Es hieß damals: »Es kommt der Tag, da rechnen wir mit euch ab!« Offensichtlich wollte Topolánek den Journalisten mit einem besonders scharfen Affront eins auswischen, geriet damit aber auf's Glatteis der unheilvollen Vergangenheit. Mit diesem Spruch büßte er schwer an Sympathien ein. Man muss nämlich wissen: Wer mit Nazi-Deutsch scherzt, kokettiert oder flappst, bei dem hört der Spaß definitiv auf! Nicht nur in Prag.

3
Eier für die Ewigkeit

Karlsbrücke: Das 650. Jubiläum der Grundsteinlegung widerlegte etliche Überlieferungen. Für die Fremdenführer ist dringend ein Update fällig.

DIE RITTER, GANZ WICHTIG, hoch zu Ross, Visier zugeklappt. Kaiser Karl IV. ist unterwegs. Gleich wird man das Geratter seiner Kutsche hören. In Höhe des Kleinseitener Brückenturms wird er aussteigen und zu Fuß weitergehen müssen, denn die imposante Judithbrücke aus gewaltigen Holzstämmen wurde vom Hochwasser völlig zerstört, der Jahrhundertflut, die am 3. Februar 1342 durch die plötzliche Schneeschmelze während eines unerwarteten Wärmeeinbruchs mit sommerlichen Temperaturen ausgelöst wurde. Die Astrologen an Karls Hof, auch für die Wetterbeobachtung zuständig, schlugen Alarm. In Anbetracht dieser Naturkatastrophe und ihrer Ausmaße sprachen sie von einem bevorstehenden Klimawandel.

Karl IV. überquerte damals die Moldau auf einem Provisorium aus Brettern, die auf den Trümmern der Judithbrücke lagen. Dort, vor der Klosterkirche des heiligen Clement, hat er den Grundstein zu einer neuen Brücke gelegt – einer steinernen, die jedem Klimaszenario mit all seinen künftigen Sintfluten unzerstörbar trotzen sollte.

Im 14. Jahrhundert war Prag nach Rom und Konstantinopel die drittgrößte Metropole Europas. Eine hochwasserfeste Verbindung über die 300 Meter breite Moldau war

650. Jubiläumsfeier: Das Ende der langen Nacht der Legenden

für die Mobilität von allerhöchster Dringlichkeit. Eine vergleichbare, bautechnisch grandiose Flussüberquerung über einen mächtigen Strom gab es in dieser Zeit nur in Regensburg. Karl IV. war sich dieser immensen Verantwortung bewusst und baute sein »Golden Gate« des Mittelalters.

Und auch die höhere Macht spürte er, die da oben bestimmte, dass er zum Kaiser des Deutschen Römischen Reichs und König von Böhmen aufstieg. Trotz seines Buckels, den er sich in seinen jungen Jahren durch eine fast tödliche Verletzung bei einem Ritterturnier zugezogen hatte. Gott rettete ihn. Nun unternahm Karl keinen Schritt, ohne vorher auf das Horoskop zu schauen. Deshalb berechneten seine Hofastrologen den genauen Zeitpunkt für die Grundsteinlegung einer neuen Brücke. Der Termin steckte in der symmetrischen Zahlenreihe 1-3-5-7-9-7-5-3-1. Ein »numerus reciprocus«, der von vorne oder von hinten gelesen immer das gleiche Datum ergibt. Entschlüsselt bedeutete die Kombination: Im Jahre 1357, am 9. Tag, im 7. Monat, um 5.31 Uhr sollte der Grundstein gelegt werden. Soweit die Legende.

Zu schön, um wahr zu sein. Ein wichtiges Detail stimmt leider nicht: Die Uhrzeit. Somit bricht die Legende zusammen. Das Mittelalter hatte noch keinen so exakten Chronometer, um Minuten zu messen. Die Uhrzeit spielte auch kaum eine Rolle, denn man richtete sich nach dem Stand der Sonne. Wichtig waren nur die Tage. Und die zählte man damals nach dem Julianischen Kalender! Erst zwei Jahrhunderte später wurde der Gregorianische Kalender eingeführt. Daraus ergab sich eine Verschiebung von zwei Wochen. Somit steht also fest: Das mit dem astronomischen Mythos umgarnte Datum der Grundsteinlegung der Karlsbrücke ist eine schöne Dichtung, mehr nicht. Aber deshalb das 650. Jubiläum annullieren?

Am 9. Juli 2007 kurz nach Mitternacht ist es wieder wie damals im Mittelalter. Ritter stehen am Kleinseitener Karlsbrückenkopf unter dem Turm. Helm auf, Reiter und Pferd in Rüstung. Nur sind diesmal auch Sanitäter zur Stelle, sollte jemand vor Begeisterung umfallen. Oder vor Erschöpfung. Oder gar zu viel Trank. Das Fest wird sich bis ins Morgengrauen hinziehen. Die Ritter, Knappen, Lanzenträger, Schwertkämpfer, Bogenschützen, Marketenderinnen, Wandermönche, Nonnen und das gemeine Fußvolk der Handwerker und Bauern sammeln sich. Mit historischen Roben aus dem Fundus eines Filmstudios ausgestattet, sieht es so aus, als ob man einen mittelalterlichen Königsfilm drehen würde. Wie eine Regieanweisung lärmt es aus dem Lautsprecher: »Die Macht des gesunden Verstandes ist zu Ende.« Primator Pavel Bém spricht, der Oberbürgermeister. Rund 3,2 Millionen Kronen (umgerechnet circa 120 000 Euro) machte der Magistrat für die Feierlichkeiten locker. Vorher hatte es deswegen einen heftigen, monatelangen Streit im Rathaus gegeben. Die Opposition hatte gewettert: »Unverantwortliche Verschwendung, aus dem Fenster herausgeschmissenes Geld.« Bém setzte sich durch. Es ist jetzt sein Fest. Es ist eröffnet.

Die Luft riecht würzig nach Pferdeäpfeln, Hufe scharren. Fünf Stunden sind es noch bis zum großen Augenblick – die Ankunft Karls IV. Bis dahin treiben Gaukler, Feuerschlucker und Narren auf der Karlsbrücke ihren Schabernack. Minnesänger und Troubadoure tragen Balladen vor. Mit Schwertern werden Zweikämpfe ausgefochten. Der kopflose Templer reitet auf einem edlen Rappen heran. Die Bademagd, Zuzana, heimliche Geliebte von König Wenzel IV., eilt mit einem Bottich vorbei. Rabbi Löw lässt sein Lehmmonster Golem unterhalb eines Brückenbogens auf der Insel Kampa auftauchen. Der Teufel ist los!

Da kräht es! »Platz für Žito« – sprich Zschito. Mit schrillem Kikeriki rattert sein Karren heran, gezogen von einem Hähne-Gespann. So beschreiben die alttschechischen Legenden seinen Auftritt und so stellen es die Komparsen in den gefiederten Kostümen auch nach. Die roten Hahnenkämme wackeln auf ihren Köpfen. Die Zuschauer lachen. Doch die Darsteller der Legenden bleiben ernst und halten standhaft an ihren Rollen fest. Dem zwergwüchsigen Žito, ein geachteter Zauberer am Hof des jähzornigen Königs, fällt eine wichtige Aufgabe zu: Mit seinem Wunderstab soll er die Steinheiligen zum Leben erwecken. Ein Wink genügt und schon fangen sie an, ihre Geschichte zu erzählen. – »Aber warum nur auf Tschechisch?«, bedauert ein amerikanisches Paar.

Noch nie hat man sie so gesehen: Die heilige Barbara, Margarete und Elisabeth – sie lesen laut aus der Bibel vor. In einer Gruppe formte 1707 der Bildhauer Jan Brokoff ihr Abbild anmutig aus weichem Sandstein. Die heilige Barba-

Drei heilige Grazien: Barbara, Marketa und Elisabeth – »... trotz schwerer Pein keine sichtbaren Spuren.«

ra wurde mit einer Kleindarstellerin besetzt, auffallend Nicole Kidman ähnlich: Blass, rothaarig, stupsnasig. Sie leidet gemäß ihrer Rolle: »Im schrecklichen Zorn hat mein Vater mich geköpft, da traf ihn der Blitz aus heiterem Himmel. Es war die Strafe Gottes.« Die Märtyrerin wurde im Jahre 305, während der Verfolgung der Christen im Orient, hingerichtet. Bei Gewitter verängstigt, betete das Volk im Mittelalter zu ihr, damit der himmlische Feuerschlag Haus und Hof verschone.

Neben dem Kidman-Double berichtet die heilige Margarete von ihrem Schicksal. Auch diese Darstellerin, mit ihrem blutleeren Gesicht, wird ihrer Rolle gerecht: »Ich wurde wegen meines Glaubens an Christus gefoltert. Doch Gott schloss meine Wunden wundersam, kaum hatte man sie mir zugefügt.« Die Kirche hat das bestätigt: Als Margarete den Märtyrertod starb, zeigte ihr Leichmann trotz schwerer Pein keine sichtbaren Spuren. Man ernannte sie deshalb zur Schutzpatronin der Schwangeren.

Die Dritte im Bunde, die heilige Elisabeth, rief man zu Zeiten der verheerenden Epidemien zu Hilfe: Cholera und Pest. Ihren Namen gab man Kranken- und Pflegehäusern, Altenheimen und Hospizen.

Das Besetzungsbüro des Filmateliers Barrandov machte beim Casting keine halben Sachen. Die Charaktere für die Heiligen stimmen. Einer, der aussieht wie Harrison Ford, mimt den heiligen Kajetan. Für den berüchtigten heiligen Vinzenz Ferrer fand sich ein Typ, der Tom Cruise wie ein Zwillingsbruder gleicht. Ferrer war ein besonders hartgesottener Dominikaner-Bruder, einer von der Sorte aus »Im Namen der Rose«. Mit Feuer und Schwert gelang es ihm, 8000 Sarazenen und 25 000 Juden zum Christentum zu bekehren.

Die heilige Luitgard sieht aus wie Angelina Jolie. Der gekreuzigte Christus gibt ihr die Hand. »Fast ein erotisches Motiv«, höre ich jemanden sagen, in jener Nacht. Eine Gruppe von Italienern gerät bei dieser Statuengruppe und ihrer Live-Show in heftigen Diskurs. »Ähnlich wie bei Lorenzo Bernini«, sagt einer. »No«, kontert der andere: »Bernini stellt Gott als Geliebten dar. Das ist schon sehr gewagt. Bei ihm berührt die Hand Christi die heilige Therese und dabei hat sie den Mund sinnlich geöffnet.« – »Das geht zu weit«, mischt sich der nächste Italiener ein. Mit ihren Kenntnissen über die Kunstgeschichte liegen die Italiener europaweit in Führung. Ihre auffallend fundierten Fachkommentare sind mir schon öfters in Prag zu Ohren gekommen. Nun loben sie sachkundig Luitgards ästhetische Zurückhaltung im bildhauerischen Ausdruck. Man ist sich einig: »Bei dieser Statue lässt sich die mystische Gottesnähe spüren.«

Eine Stunde nach Mitternacht. An 30 Standorten erzählen rund 46 Statuen ihre Lebensgeschichte. Aber auch von der Gegenwart würden sie wohl erzählen, würde man sie tat-

Vor dem Altstädter Karlsbrückenturm: Eins, zwei, drei – Polizei

sächlich zum Sprechen bringen können. Sie würden vor Wut schreien, wegen der jungen Briten zum Beispiel. Mit Billigflügen fallen sie in Prag ein und stürmen nach kollektivem Besäufnis die Karlsbrücke. Dem heiligen Wenzel brachen sie einen Finger, Johannes dem Täufer bissen sie die steinerne Nasenspitze ab, der Landesschutzpatronin, der heiligen Ludmilla stutzten sie eine Locke, aus Nepomuks Heiligenschein klauten sie die Sterne. Die Folter der neuen Zeit. 18 Brückenheilige wurden auf diese Weise schon geschändet. Gut, dass sie allesamt Kopien sind. Die Originale ruhen im *Lapidarium* auf dem Ausstellungsgelände im Prager 7. Bezirk. Aber trotzdem: Seit Neuestem sind die Brückenstatuen schon mit elektronischen Kameras gesichert.

Ein Kanonenschuss erschallt. Die Schlacht gegen die Schweden 1648 kündigt sich an. Die Prager Studenten schlagen sich tapfer und bekommen Beifall. Dann steigt der Landesretter Bruncvík, der sonst neben der Karlsbrücke die Wache hält, von seiner Rolandsäule herab. Neben ihm der

Löwe, sein treuer Wegbegleiter, den er von den heiligen Kreuzzügen gegen die Muslime im Orient mitbrachte, zähmte und als Wappentier dem Böhmenland vermachte. »Das ist doch nur ein Hund!«, ruft ein kleiner Bub enttäuscht in die Menge. Jawohl, ein Schäferhund mit einem hochtoupierten Zottelkragen als Löwenmähne.

»Platz für die Kutsche«, ruft ein vorauslaufender Knecht. Man hört Trommelwirbel und Fanfaren. Riesige Holzräder, mit Eisenspitzen beschlagen, donnern über das Brückenpflaster. Die Kutschenfenster sind mit purpurroten, mit Gold bestickten Vorhängen verschlossen. Wer sitzt darin: Karl IV.? – Erzbischof Kardinal Vlk? – Oder gar Staatspräsident Klaus?

Die Festredner, Erzbischof Miloslav Vlk und Bürgermeister Pavel Bém, postieren sich neben der bronzenen Statue von Karl IV., die zum 500-jährigen Brückenjubiläum in Nürnberg gegossen wurde und ein Geschenk der deutschen Studenten und Professoren von der Karlsuniversität war. Schon bei dieser Gelegenheit schauten die Gelehrten gründlich in die Annalen. Sie suchten vor allem nach einer schlüssigen Erklärung für die magische Zahlenkombination des Gründungsdatums. Denn die astrologische Berechnung erschien schon damals, 1857, unglaubwürdig.

Bei der Überprüfung stieß man auf bemerkenswerte Fakten. König und Kaiser Karl IV. hatte einen breiten Überblick über das Geschehen in Europa. Er stand in Verbindung mit einer Reihe bedeutender Köpfe seiner Zeit. Karl IV. (1316–1374), der italienischen Sprache fließend mächtig, kannte den Dichter Francesco Petrarca (1304–1374) persönlich. Der machte ihn mit Dantes Werk vertraut. Der Autor der »Göttlichen Komödie« liebte Zahlenspiele. Auch die Geschichte seines Buches ist in neun konzentrischen Kreisen angelegt. Es schildert seine Reise durch die Hölle zum Läuterungsberg (Fegefeuer), bis hin ins Paradies. Die Neun erwähnt Dante auch in seiner ersten Sammlung der Sonette »Vita Nuova«:

»Eine magische Zahl, deren Wurzel die Heilige Dreifaltigkeit bildet, drei mal drei ...« Damit erklärt sich auch, warum die Neun als Glückszahl gilt. Karl IV. nahm sie als glückbringendes Omen für sein wichtigstes Bauwerk. Ohne Grundsteinlegung. So etwas kannte das Mittelalter noch gar nicht. Erst im 19. Jahrhundert hat man den Festakt zum Baubeginn eingeführt, im Zeichen der industriellen Revolution.

Im Mittelalter begann die Bautätigkeit zuerst mit der Auswahl der richtigen Steine, eine Wissenschaft für sich. Spezialisten suchten in Steinbrüchen nach lupenreinen Quadern, die sie in ihren Bauhütten nach Maß in die nötige Form schliffen. Diese wichtigen Vorarbeiten zur Karlsbrücke fingen bereits um 1350 an. Sie wurden nicht von Parler geleitet, den man als Schöpfer der Karlsbrücke ausweist, sondern von Meister Otto. Der Fachkompetenz dieses Prager Steinmetzes und seinem Fingerspitzengefühl für die besten Steine ist es zu verdanken, dass dieses Bauwerk bis heute gehalten und mehr als ein halbes Dutzend schwere Hochwasserangriffe überstanden hat. Ohne große Schäden. Parler übernahm erst 1375 die Aufsicht an der Brückenbaustelle.

Das magische Gründungsdatum aus der Zahlenreihe 1-3-5-7-9-7-5-3-1, angeblich astrologisch berechnet, ist nach allen bisher aufgefundenen Unterlagen erst eine Erfindung des romantisch orientierten 19. Jahrhunderts. Englische Literaten, die nach Prag reisten und über die »Goldene Stadt« berichteten, griffen die Legende auf. Der britische Geist, in Gespenster verliebt, war es, der Prag zu einer mystisch-mysteriösen Metropole verklärte, voller Geheimnisse, okkulter Zeichen und jüdischer Kabbala – ein Mekka des Mittelalters. Die Prager sahen ihre »Mutter aller Städte« eher als fröhlich, sonnig, voller Musik und voll des beschwingten Theaters, mehr im verspielten Barock als in der düsteren Gotik beheimatet.

Den neuen Erkenntnissen um den Zahlenrebus der Steinbrückengründung wurde wenig Aufmerksamkeit geschenkt.

Überall publiziert, verwarf man die These um Dantes Einfluss auf Karls Gesinnung schnell wieder. Trotz gewisser Logik und hoher Wahrscheinlichkeit, die Schlussfolgerungen klangen zu abgehoben. Sie basierten auf anspruchsvollem Bildungslevel. Da ist die astrologisch begründete Spiegelzahl aus Jahr, Monat, Tag und Stunde wegen ihrer Märchenhaftigkeit eingängiger.

Ende des 19. Jahrhunderts breitete sich neue Angst vor einer Klimakatastrophe aus. Wie der Hurrikan »Katrina« in New Orleans vor wenigen Jahren, so ähnlich schockte 1889 die Nachricht vom Dammbruch am Conemaugh River in Pennsylvania nach stärksten Regenfällen, wie sie so noch nie da gewesen waren. Dieser Damm war damals der größte Erdwall der Welt. Eine 40 Meter hohe Wasserwand überflutete die Stadt Johnstown; 7000 Menschen ertranken. Man befürchtete, in Prag könnte die wilde, damals noch durch fehlende Staustufen ungezähmte Moldau auch so wüten. Die Menge der Niederschläge erreichte in der damaligen Messungsgeschichte Höchstwerte. Das Hochwasser kam 1890, in etwa der Flut von 2002 adäquat. Auch damals musste man anschließend die Brücke umfangreich renovieren – und richtete damit mehr Schaden an als das Hochwasser, wie sich heute herausstellt.

Bei den Instandsetzungsarbeiten damals wurde die Brückenkonstruktion zwischen dem 4. und dem 7. Pfeiler durch Hohlräume erleichtert. Man muss sich das etwa so vorstellen, als hätte man aus dem Bauch der Brücke Steine entfernt. Die Karlsbrücke hatte seitdem ein Geheimnis, wie die Cheops-Pyramide von Gizeh: Was ist in den Kammern drin? Niemand wusste es! Keiner traute sich, diese Hohlräume zu öffnen, aus Angst, der Überweg könnte einstürzen. Sogar in Fachkreisen machte sich die Fama breit, es hause darin ein Geist, der die Karlsbrücke hütet. Erst 2002 ergab sich bei der Generalinspektion die Notwendigkeit, auch diese Kammern zu öffnen. Hätte es einen verborgenen Schatz dort gegeben, dann wäre er entdeckt worden. Doch die geisterhaften Kasematten waren leer.

An Sonntagen bleibt Prag den Touristen überlassen. An Nachmittagen im Sommer entsteht an der Karlsbrücke regelmäßig ein Fußgängerstau. Schuh an Schuh, nichts geht mehr. Die Fremdenführer leiern die Legenden herunter. Alle erzählen die gleiche Geschichte: Die Brücke sollte ewig halten. Deshalb sei Peter Parler, der Veitsdom-Architekt, auf die geniale Idee gekommen, dem Mörtel auch Eiweiß beizumischen, um die Bindungsfestigkeit und Widerstandsfähigkeit gegen Wassereinwirkung zu steigern. Worauf damals Auf-

Karlsbrücke mit Hradschin: »... die mystische Gottesnähe spüren.«

traggeber Karl IV. sofort die Anordnung erließ, dass alle Gemeinden in Böhmen Eier zum Brückenbau zu schicken hätten. Die Stadt Velvary in Prags Nähe hätte auch eine Fuhre entsandt. Damit die Eier unbeschädigt ankommen, seien sie alle hart gekocht worden.

Jedes Kind in Prag kennt diese Geschichte. Glaubwürdig für die Experten ist nur, dass man die hart gekochten Eier auf der Baustelle verspeiste. Die Theorie mit den rohen Eiern im Kalkmörtel hält dagegen die Prager TU für blanken Unsinn. Die Berechnungen zeigen: Für einen etwa 5000 Tonnen schweren Bogenpfeiler aus Steinquadern benötigte man 300 Tonnen Mörtel. Rein rechnerisch: Nur ein Ei in ein Kilogramm Kalk geschlagen, würde das eine Menge von 300 000 Eiern pro Pfeiler innerhalb einer Bausaison bedeuten. Bei 16 Stützbögen wären das insgesamt 4,8 Millionen Eier. Diese Menge hätte Prag mit dem ganzen Königreich Böhmen im Mittelalter niemals aufbringen können!

Aber die aus der Karlsbrücke gekratzten Mörtelproben brachten im Labor ein anderes, überraschendes Ergebnis zutage: Die Brückenbauer mischten tatsächlich organische Produkte ins Bindemittel – Milch, Quark, Bier und sogar frisch geronnenes Blut vom Schlachthof. Jedes dieser Elemente stärkte die Eigenschaften des Mörtels auf eine andere Weise, bis sich durch die Komplexität eine Qualität ergab, die den heutigen Betonparametern entspricht. Die Fachleute sprechen von einer hochentwickelten Bautechnologie des Mittelalters. Der Beweis: Auch der Jahrhundertflut im Sommer 2002 hielt die Konstruktion problemlos Stand. Es blieben keine ernsthaften Schäden zurück.

Genau 9,40 Meter breit und 515,7 Meter lang, trägt diese Brücke den Namen Karls erst seit 1870. Nach 1900 fuhr auch die Tram hier über die Moldau, 1920 wurde die Fahrbahn asphaltiert. Seit 1965 wieder gepflastert, sind nur noch Fußgänger zugelassen. Doch sie richten mehr Schaden an als

Der Ritt über die Karlsbrücke: »... im Namen des Papstes.«

all das Hochwasser während des gesamten Bestehens der Brücke. Das mystische Bauwerk, dem Buckel eines Dinosauriers ähnlich, musste sich deshalb im Jahre 2007 einer Generalüberholung unterziehen. Die geplante Haltbarkeit für die Ewigkeit hat ihr Verfallsdatum erreicht. Was die Notwendigkeit der Sanierung beschleunigte, war die ungewöhnlich hohe Belastung in den letzten 15 Jahren. Täglich wälzen sich an die 30000 Fußgänger, hochgerechnet auf das ganze Jahr sind das knapp zehn Millionen, über die Karlsbrücke – so viel, wie die tschechische Republik insgesamt an Einwohnern zählt. Die Prager kommen in dieser Statistik nur als eine kleine Minderheit vor. Nur die allerwenigsten von ihnen benützen die Karlsbrücke, um von einem Ufer zum anderen zu gelangen. Wenn ein echter Prager über die Karlsbrücke geht, dann will er in Prags Tiefe, in seine Geschichte, zu einer anderen Zeit, nach innen zu sich selbst, eigentlich nach Nirgendwo. Dafür ist die Karlsbrücke die beste Verbindung.

Der gute Rat für die Rettung ist teuer. Was im Magistrat ernsthaft diskutiert wird, war auch schon aus Venedig zu hören: »Mauthäuschen aufstellen, Eintritt kassieren!« Wie im Mittelalter. Damals gab es unter dem Altstädter Brückenturm sogar einen Kerker für die Mautpreller und die Zollschwindler. Die Prager würden dann »Wapperl« zum freien Durchgang erhalten. Eine neue Parallelverbindung zu bauen, sogar von einem jener Stararchitekten wie Sir Norman Foster entworfen, also eine luftige Schwebekonstruktion, sozusagen einen Laufsteg für die Besichtigung der Karlsbrücke wie in einem Freiluftmuseum, dagegen legte bereits die UNESCO Protest ein. Gleichzeitig drohte man, falls tatsächlich solch ein Projekt realisiert würde, die Brücke aus der Liste des Weltkulturerbes zu streichen. Die beste Lösung aber wäre die einfachste: Die Karlsbrücke sofort zu sperren und keine sterbliche Seele mehr durchzulassen.

4
Der amerikanische Nachbar

Mächtig ist die Burg Hradschin, ein grandioses Panorama. Der Staatspräsident hat dort seinen Amtssitz. Und ein Fürst wohnt nebenan. Eine nette Familie mit drei Kindern.

»DIESER SOMMER«, klagten etliche Besucher, »war im Paradiesgarten hässlich«. Angewidert wandten sie sich ab von den Scheußlichkeiten. Zum Präsidentenbüro von Václav Klaus (Premierminister unter Havel 1992-97, Staatspräsident seit 2003), oben im zweiten Stock der Burg, richtete sich ein hochgestreckter Stinkefinger, das Zeichen für »fuck off«, in Schwarz-Weiß, ein großformatiges Foto. Auch die anderen Bilder, mindestens zwei Dutzend, in riesigem Überformat, lösten Verwirrung aus: Diese Nackten! Mit Operationsnarbe am Bauch. Von Ausschlag gezeichnete AIDS-Opfer, schwule Zwillinge, die Metamorphose des Todes in allen Variationen, das magersüchtige Model in der Hocke, eine ausgemergelte Ballerina am Boden, der sterbende Schwan, die Odyssee im Todesmeer, darunter die Erklärung: »Memento mori« (Gedenke des Sterbens). Hohlwangige Gesichter mit vor Schrecken geweiteten Augen starrten die Spaziergänger an. Studioaufnahmen von spindeldürren Körpern, die wie ausgedorrte Äste zu brechen drohten. Mein Gott, so viel Elend, Einsamkeit, Ausgrenzung, Anderssein, innere Verzweiflung und verlorene Hoffung. Wie trostlos!

Es schien nur wenige Betrachter zu geben, die etwas mit diesem Kontrast zur prachtvollen Burgkulisse anzufangen wussten, die vielleicht in diesem krassen Widerspruch zur umliegenden Schönheit eine Botschaft entdeckten. Sie bestand darin, diese grenzenlose Freiheit zu feiern, die einem Künstler jetzt erlaubt, seine extremen Weltansichten auf dieser allerhöchsten Ebene ausstellen zu dürfen – direkt unter den Fenstern des Staatspräsidenten.

Die meisten Besucher gingen aber an diesen schockierenden, duotonalen Aufnahmen, die uns in unserer allgemeinen Gleichgültigkeit aufrütteln wollten, achtlos vorbei. Sie eilten zur Rampe des Paradiesgartens, um das berückend schöne Panorama zu genießen. Die toskanisch roten Dächer der

Paradiesgarten: »… da oben amtiert der Staatschef.«

Malá Strana (Kleinseite), die stufenartigen Parks mit manieristischen Granitstiegen, die Büsche und Bäume onduliert und so gleichmäßig angelegt, wie es die Regeln der höfischen Gartenarchitektur gebieten. Das Ergebnis löst Staunen aus: Was ist hier schon Kunst, was noch Natur? Die Harmonie herrscht über allem als Deutungshoheit. Die Funktion besteht in der Schönheit, das Wesen in der Emotion. Italienische Grandezza in Prag. Es ist eigentlich fast schon ein Stück Florenz, auf das man hier herunterschaut.

Ich warte auf der Terrasse. Mozarts Rondo flattert leicht wie ein Schmetterling in der Luft. Der Cappuccino duftet. Die adretten Bedienungen in himmelblauen Hemden lächeln, obwohl das *Café Lobkowicz* nur spärlich mit Gästen besetzt ist, und das mitten im Juli. Draußen vor der Tür wälzen sich die Touristenmassen durch die enge Burggasse, die vom Südtor steil zum St. Veitsdom führt. Sie bleiben vor dem hell beleuchteten Portal des Lobkowiczer-Palastes stehen. Ein Blick hinein, ein Schreck über den Eintrittspreis und schon trollen sie sich davon. Beim Lobkowicz ist es teuer. Fast zehn Euro für ein Ticket. Das bedeutet in der Touristenklasse schon ein Mittagessen mit Knödeln, Ente oder Schweinebraten und viel Kraut. Ein Bier ist auch noch dabei.

Meine Gedanken fliegen in die Vergangenheit zurück, aber die Reise beginnt in der Gegenwart: Die Blumenpracht, Mosaiken, Brunnen, Vasen sind in alter Herrlichkeit wieder instandgesetzt. Man kann sich überhaupt nicht mehr vorstellen, dass es einmal Zeiten gab, in denen man diesen Platz – den Paradiesgarten – nicht betreten durfte. Er war Sperrgebiet mit höchster Sicherheitsstufe. Die sozialistischen Arbeiterpräsidenten erlaubten es dem Volk nicht, unter den Fenstern ihrer Amtsstuben zu flanieren. Nicht mal am Sonntag. Zusätzlich zur Burgwache in Paradeuniform war hier der Grenzschutz postiert, um diese verbotene Zone zu sichern. Mit Maschinengewehren bewaffnet, gingen die

Wachposten auf und ab, näherten sich sofort, sobald jemand auch nur durch die Ritzen im Sichtschutz einen Blick nach innen werfen wollte.

Man hatte uns eingebläut, dass es überall nur so von westlichen Spionen wimmelt, Agenten, Diversanten, feindlichen Lauschern. Alle wollten uns angeblich den Paradiesgarten kaputt machen. Diese Phobie hatten wir längst schon verinnerlicht. Vielleicht war es sogar notwendig, derart streng die Kommunistenführer zu schützen, lebten sie doch in einer anderen Welt. Bis Havel kam. Er nannte den Hradschin das »Verwunschene Schloss«. Um den Fluch zu verbannen, ordnete er die Aufhebung aller Sperrzonen im gesamten Burgareal an. Ab sofort war auch der Paradiesgarten für jedermann zugänglich. Und die Prager (auch ich) strömten hin, wie ins gelobte Land.

Im nächsten Schritt bemühte sich Havel, all diesen zauberhaften Ecken auch die nötige Pflege zukommen zu lassen. Die Lösung steckte in einer einfachen Formel: Jedes Haus, jeder Garten braucht einen Herrn, der sich um das Anwesen kümmert. Diese Notwendigkeit brachte schleunigst ein Gesetz auf den Weg, in dessen Folge man bald neue Schlüssel zu den alten Toren und Türen verteilte. Havel war davon überzeugt, seinem Land einen guten Dienst zu erweisen, wenn er wieder die alte gute Ordnung herstellte.

»Restitution« hieß das Gesetz – Wiederherstellung in den ursprünglichen Zustand. Der Begriff ist so antiquiert wie die Verhältnisse, die er zurückbrachte. Die Art und Weise, wie der alte Adel entschädigt wurde, dafür gibt es in der gesamten europäischen Geschichte keine Parallele. Nun herrschen in Prag und Tschechien wieder Besitzverhältnisse wie vor 400 Jahren, genau wie Anno Domini 1620, vor der Schlacht auf dem Weißen Berg, am 8. November. Damals, nach der Niederlage der böhmischen Stände, köpfte man auf dem Altstädter Ring jene 27 Anführer, adelige Herren, 22 tschechischen und fünf deutschen Ursprungs, die es wagten, sich gegen die Habsburger Macht zu stellen. Nach der Hinrichtung dieser Rebellen wurde Prag neu geordnet.

Die Habsburger mit ihren Bündnispartnern, den Bayern und den Franzosen, teilten sich die Beute. Die besten Stücke von Grund-, Boden- und Immobilienbestand. Es folgte eine Enteignungswelle, die nur 1948 noch übertroffen wurde, als die Kommunisten wüteten. Sie verstaatlichten alle Banken, alle Konten, jede Industrie, jedes Gewerbe, jeden Handel, Grund- und Hausbesitz. Zwischen 1958 und 1963 erfasste eine neue Verstaatlichungswelle die letzten Privathäuser bis hin zu Familienhäusern und Villen, falls sie auch nur ein paar Quadratmeter größer waren, als der sozialistische Wohnstandard es erlaubte (14 qm pro Person). Was da ablief, war fast noch schlimmer als nach der Schlacht am Weißen Berg. Nicht betroffen von diesen Maßnahmen war nur derjenige, der nichts hatte.

Doch was hatte es nach der Wende 1989 für einen Sinn, die Räder die Geschichte derart zurückzudrehen? Was haben die Erben Wallensteins, längst über alle Berge zerstreut, wieder in Prag zu suchen? Was bringt es dem Land der Tschechen, wenn die Schwarzenbergs wieder heimkehren? Darüber dachte man wohl nicht recht nach, damals, 1992, als das Gesetz für die Restitution in Kraft trat. Seit diesem Jahr kann man Anträge auf die Rückerstattung von Privatbesitz stellen. Über die Gerichte schwappte eine Lawine von Anträgen. Abgeschickt aus England, Amerika, Australien und sogar Neuseeland. In Tschechien brachen goldene Zeiten aus, das Eldorado auch für Anwälte. Die Schwarzenbergs und die Metternichs aus Wien meldeten sich, die Colloredo-Mansfelds aus Linz, die Eggenbergs aus dem Salzburger Land, alle eilten herbei, um sich Formulare zu besorgen. Die Liste des restituierten Adels in Prag ist lang, die Namen klangvoll und geschichtsträchtig. Mir erscheinen sie plastisch, weil ich die

Paläste vor mir sehe: Auersperg, Bretfeld, Clam-Gallas, Dietrichstein, Fürstenberg, Golz-Kinsky, Kaunitz, Kolowrat, Morzin, Nostitz, Schönborn, Šternberg, Schlick, Sylva-Taroucca, Thun, Thun-Hohenštejn, Thurn-Taxis, Waldstein.

Die Restitutionsmühlen begannen zu mahlen. Eine langwierige, mitunter schon über 15 Jahre lang dauernde Prozedur. Neben dem Adel und Angehörigen des Großbürgertums klagte auch die Kirche die von den Kommunisten enteigneten Besitztümer zurück. Die jüngsten Berechnungen ergaben, dass die Religionsgemeinschaften, unter denen die Katholische Kirche bei Weitem die größte ist, geraubte Liegenschaften im Wert von umgerechnet etwa drei Milliarden Euro zurückerhalten sollen. So eine beispiellose Sanierung hat es nicht mal nach der Wiedervereinigung in Deutschland gegeben.

Die tschechischen Landsleute sehen die Folgen mit gemischten Gefühlen. Was für eine Ironie, die Kirche wird generös ausstaffiert, dabei gilt Tschechien als das ungläubigste Land Europas. Es ist die Urheimat der Atheisten, Christus kam nicht bis nach Prag, selbst die Erben der Hussiten, die einst Europas Katholizismus erschütterten und Roms Kreuzheer fast in die Knie zwangen, sind nur mit einem Prozent im kirchlichen Religionsspektrum vertreten. Die großen historischen Sieger sind nun die Hussitengegner, die Katholiken. Sie werden bald zu der begütertsten Schicht der Republik zählen.

Elfmal läutet die Glocke im Südturm des St. Veitsdoms. Der Klang ist dezent, kein himmelstürmendes Gebimmel. Es ist elf Uhr. Ich lege meinen Notizblock auf den Tisch im *Lobkowicz-Café*. Da steht in der Ecke aus einer geschäftigen Runde ein hagerer Mann auf. Ein langer Lulatsch, ich schätze ihn auf knapp zwei Meter. Kariertes Hemd, weiß-blau, blass im Gesicht, mit ungewöhnlich langer und hoher Stirn und schütterem Haar. Er bewegt sich schlaksig, wie ein Basketballspieler, der zum Korbwurf ansetzt. »Sind Sie der Journalist?«, spricht er mich an. »Ja, und Sie sind William Lobkowicz?«

Wand an Wand mit dem Präsidenten: Fürst William Lobkowicz

»Noch zehn Minuten«, bittet er um Geduld und geht wieder zu der Runde zurück. Zwei Typen mit Catcher-Kreuz, kahlgeschorenen Schädeln, massig, markig, furchterregend. Es sind Anzeigenvertreter eines Prager Kulturmagazins. Dutzende davon gibt es. Lobkowicz soll in einem dieser schmalen Hefte annoncieren, man gibt ihm die Mediadaten. Dann kommt er doch erst 20 Minuten später zu mir, wir hatten eine halbe Stunde für das Interview vereinbart. Heißt das, dass mir nur noch zehn Minuten übrig bleiben, für ein Gespräch über vier Jahrhunderte Familiengeschichte?

»Wie fühlt man sich als Nachbar des Präsidenten?«, schieße ich los. Tempo. Antworten im Stakkatostil würden mir reichen, aber der Fürst mag es ausführlich. »Das ist unser altes Stammhaus, früher wohnte der König nebenan. Meine Familie ist es gewöhnt, eine wichtige Rolle im Land zu spielen.«

Ich versuche, mich in Lobkowiczs Haut hineinzufühlen, bevor ich die nächste Frage stelle: »Wie fing alles an? Wann kam der erste Gedanke an die Rückkehr in die alte Heimat?«

– »Mit den Nachrichten auf CNN«, sagt Lobkowicz. Ich unterbreche ihn. »Pardon, wie soll ich Sie denn überhaupt ansprechen: Hoheit, Fürst, Prince, Sovereign? – Oder hören Sie lieber auf kníže (sprich kniesche)?« – Seine Durchlaucht grinst. »William ist mir am liebsten. Ich bin Amerikaner, wir sind im Umgang direkt, keine Formalitäten nötig.« – Ich bin erleichtert. Mit dieser einfachen Anrede komme ich schneller zur Sache: »Was kostet Sie der Unterhalt dieses Palastes im Jahr, William?« – »Weiß ich nicht, die genauen Zahlen habe ich nicht im Kopf. Ich müsste bei meinem Verwalter nachfragen«, weicht er mir aus. – »Ich dachte, Amerikaner haben kein Problem, über Geld zu reden, besonders dann nicht, wenn es sich um Millionen handelt, das Big Business«, will ich ihn fassen. – William schaut auf die Uhr. »Time is money …«, rutscht es mir raus.

»Hier geht es nicht um Geld«, reagiert William auf meine Bemerkung leicht gereizt. »Hier geht es um Geschichte. Um unsere Familiengeschichte. Wir Lobkowiczer haben etwas vom Schicksal bekommen, wovon wir den Leuten gerne etwas zurückgeben wollen. Wir möchten, dass möglichst viele Menschen aus der ganzen Welt an unserem Glück teilhaben können.« – Und er breitet die Arme aus, als wollte er den ganzen Hradschin einschließen: »Es ist großartig! Nehmen Sie nur diesen Moment: Wir sitzen hier auf der Terrasse und schauen nach unten, auf die Stelle des zweiten Prager Fenstersturzes. Spüren Sie es? 1618, Slavata, Martinec, man hat sie hier aus dem zweiten Stock hinausgeworfen.«

»Ja, in den Paradiesgarten. Damals türmte sich dort der Misthaufen so hoch, dass die zwei defenestrierten Statthalter, und der Stadtschreiber Fabricius als Dritter, ganz sanft gelandet sind. Niemand kam zu Schaden«, versuche ich mit meinen schulhistorischen Kenntnissen zu glänzen. Die Prager Fensterstürze, die mussten wir, auf Punkt und Komma genau, vor dem Lehrer aufsagen. – »Sehen Sie«, begeistert sich William: »Der Dreißigjährige Krieg in Europa begann mit diesem Ereignis in unserem Haus. Dieses Haus wieder zu besitzen, ist – something special.« – Gewiss, ein ganz besonderes Gefühl.

»Haben Sie davon geträumt, wieder Fürst in Prag zu sein, mit solch einem Palast?«, fahre ich fort. – »Das war nicht nur ein Traum.« – »Und wann kam der Glaube an die Wirklichkeit?« – »Als die CNN in den Nachrichten Bilder über die Demonstrationen auf dem Prager Wenzelsplatz brachte. Wir saßen vor dem Fernseher und hielten die Daumen für Havel. ›Wenn er es schafft, die Kommunisten zu stürzen, fahren wir sofort nach Prag‹, habe ich meiner Familie versprochen. Ich wollte meinen Kindern unsere alten Schlösser zeigen«, antwortet William. »Und ich kam nicht mit leeren Händen«, fügt er hinzu.

Die Lobkowiczer haben sich immer, und dafür waren sie in der Geschichte berüchtigt, alles genommen, was sie haben wollten. Aber sie haben auch gegeben: Das »Prager Jesulein« war ihr größtes Geschenk an Prag. Zu diesem Heiligtum pilgern jährlich Hunderttausende von Gläubigen. Ich sehe sie jedes Mal, wenn ich über die *Malá Strana* schlendere, vor der Kirche »St. Maria zum Siege«. Ganze Buskolonnen voll. Sogar aus Spanien. Es hat so seine Bewandtnis mit dem iberischen Pilgerkult, schließlich ist »El Niño Jesús de Praga«, das Geschenk, das 1628 die Karmeliterinnen von Polyxena Lobkowicz erhielten, spanischer Herkunft.

Diese etwa 40 Zentimeter hohe Wachsfigur stammt aus einem Kloster bei Barcelona. Und schon bald nach ihrer Ankunft in Prag wurde sie wundertätig: die Pest gestoppt, die Karlsbrücke gegen die Schweden 1648 verteidigt, die klösterlichen Weinberge vor der Reblaus und die Stadt im Siebenjährigen Krieg (1756–1763) vor Plünderungen bewahrt. Da kämpften die Tschechen an der Seite Österreichs, Frankreichs und Russlands gegen die Preußen und ihren Verbündeten England. Die Lobkowiczer bewährten sich dabei als kaiserliche Generäle im Habsburger Dienst. Was weiß William von den Habsburgern? Leider keine Zeit zu fragen. Nur so viel: »Haben Sie, William, überhaupt das Jesulein gesehen?« – »Ja, noch unter den Kommunisten. Ich habe Prag mehrmals besucht, 1976, 1979, 1980. Damals noch allein, ohne meine Frau.«

Wir reden noch über das Prager Jesulein. Die Nonnen kleiden das »gnadenreiche Kind« nacheinander in 39 Gewänder. Von Maria Theresia erhielt es eines aus Gold und Samt, als Zeichen der Verehrung. Mittlerweile ist die Kirche St. Maria zum Siege (auch St. Maria de Victoria) in der Kleinseitener Karmelitská-Straße auch ein vom Papst anerkannter Wallfahrtsort. Also kein abergläubischer Mummenschanz. Und das Jesulein gibt es, in einschlägigen Souvenirgeschäften als Puppe mit Diademkrone auf dem Kopf, in allen Größen zu kaufen. Die Juweliere führen diesen Artikel mit Gold und Diamanten besetzt, bis zu 5000 Euro das Stück. Dazu ein Beipackzettel mit der Legende. Doch auf die Jesulein-Vermarktung haben die Lobkowiczer keine Rechte, sie kassieren davon keinen Cent. Ich sehe es Williams Gesicht an, wie gerne er dieses Merchandising mit in seine Kollektion aufnehmen würde. Dann wäre er in Prag wirklich auf eine Goldader gestoßen.

»Meine Töchter lieben Könige, Prinzen, Ritter und Musik bei Kerzenlicht«, erzählt er mir. Die beiden leben auch wie im Märchen. Ihr großer Bruder schwärmt von den alten Bildern. Daddy hat sie aus der Nationalgalerie herausgeholt. Sie liegt gleich vor dem ersten Burghof des Hradschin, im Palais Šternberk. Dennoch war es ein langer, juristischer Weg: Sieben Jahre, von sieben Anwälten begleitet.

1992 stellte William eine umfassende Forderung an den tschechischen Staat. Weinkeller, Brauereien, Forstbetriebe und Schlösser wurden dem ursprünglichen Besitzer, der Familie Lobkowicz, zurückgegeben. Doch damit gab sich William Lobkowicz noch nicht zufrieden. Er griff auch nach dem Nationaleigentum und forderte die Herausgabe von staatlichen Kunstwerken. Der Direktor der Nationalgalerie war dem Herzinfarkt nahe, als er die Lobkowicz-Liste sah. Mit diesem Spickzettel inspizierte der Fürst die Ausstellungsräume im Palais Šternberk. Der Reihe nach hakte er ab: Velázquez, Veronese, Rubens, Canaletto, Brueghel – »Aber nein!«, heulte der Direktor verzweifelt. William macht es mir auch noch vor, damit ich mir die Situation vorstellen kann. Ich kann sogar den Schmerz des Direktors nachfühlen, als er jammerte: »Nicht doch, die ›Heuernte‹ dürfen sie uns nicht wegnehmen!« – Dieses Bild war das Aushängeschild der Prager Nationalgalerie, sozusagen das Markenzeichen, weswegen sogar holländische Schulklassen extra nach Prag fuhren, um das Original, das ihnen in Amsterdam im 17. Jahrhundert abhanden kam, zu bewundern. Obligatorisch als Unterricht.

Der Direktor wehrte sich. Doch William wäre kein echter Lobkowicz, wenn er nicht wüsste, wie man den Teufel aufs Kissen bindet. So lautet ein holländisches Sprichwort über sture, besonders starrköpfige Hartnäckigkeit. In gebrochenem Tschechisch pochte William auf seinem Recht: »Tady zákon ... jasný?«, zitiert er sich selbst. Will heißen: »Hier, das Gesetz, alles klar?« – Ich spüre die ohnmächtige Wut des Direktors in mir hochsteigen, der bei diesem Satz kapitulieren und eines der teuersten Gemälde der Sammlung herausrücken musste. Das brach ihm fast das Herz, selbst wenn er diese Kostbarkeit nur als Staatsdiener hüten durfte. Es war sein Lieblingsbild. Sich von einer heimlichen Liebe zu trennen, ist der qualvollste Abschied.

Als der resolute William Lobkowicz aus Boston schließlich mit seinen sieben Anwälten davonzog, ließ er eine ziemlich gefledderte tschechische Nationalsammlung zurück.

Aber nun konnte er stolz sein. Stolz, mit diesem Paukenschlag in die Fußstapfen seiner Vorfahren getreten zu sein. Der Aufstieg des Adelsgeschlechts Lobkowicz (auch Lobkovic) ist das wahr gewordene Märchen vom Aschenputtel – Popelka auf tschechisch. Die Lobkowiczer hießen im 14. Jahrhundert ursprünglich Popel (Asche). Der Stammbaum hat sich in 600 Jahren zu einem kaum zu überblickenden Astlabyrinth ausgeweitet. Er hängt im Palast gleich hinter dem Eingang. Ganz oben auf einem der vielen Zweige sitzt Michal Lobkowicz, geboren 1964. Zufällig ist er mir ein Begriff. Ein studierter Geologe mit Diplom. Während der Samtenen Revolution (Sametová revoluce) engagierte er sich im Bürgerforum. Danach wechselte er im Zickzackkurs die Parteien, von den Christdemokraten (KSD) zu den Bürgerdemokraten (ODS), was ihm eine steile Karriere vom einfachen Abgeordneten bis zum Verteidigungsminister einbrachte. Von diesem Posten trat er 1998 freiwillig zurück, weil nun die Sozialdemokraten die Regierungsgeschäfte übernahmen. Also Protest.

»Nein, ich kenne ihn nicht, von den Lobkowicz-Linien gibt es, ähm, too much«, sagt der amerikanische William. »Ich gehöre der Linie der Roudnicer an« – auf Deutsch: den Raudnitzern. Diese Lobkowiczer waren die mächtigsten und die reichsten. Ihr Glück verdankten sie jener Polyxena (die »Jesulein schenkende«). Sie heiratete den niederen Adelsmann Zdeněk Vojtěch (Adalbert) Popel von Lobkovicz, einen entfernten Verwandten. Die »Aschenfamilie« war im Vergleich zum anderen böhmischen Adel ziemlich arm. Auch Polyxena brachte statt einer Aussteuer nur ihren fundamental-katholischen Glauben mit in die Ehe. Doch auf diesen Stein konnte man bauen. Der Allmächtige sorgte fortan für die richtigen Eingebungen. Polyxena flüsterte sie ihrem Gatten ein, für den sie Tag und Nacht betete. Es waren stets die richtigen Ratschläge. So trat dieser Lobkowicz aus dem

Dienst von Kaiser Rudolf II. rechtzeitig zurück, damit er sich bei dessen ungarischem Bruder Matthias (Zwist im Hause Habsburg), als neuem Herrscher über Böhmen, um das Kanzleramt bewerben konnte. Er bekam diesen wichtigen Posten. Seitdem hieß es: Der König in Wien hat die Macht, aber das Geld sitzt beim Adel in Prag.

Die Fortune stand ihm weiterhin bei. Dem zweiten Prager Fenstersturz 1618 entkam Adalbert Lobkowicz um ein Haar. Auch an der Schlacht am Weißen Berg 1620 nahm er nicht teil. Er hielt sich beide Male zu Verhandlungen in Wien auf. Zu seinen neuen Aufgaben gehörte die Bestrafung der Protestanten. Immerhin setzte er sich für die Umwandlung der Todesurteile in langjährige Haftstrafen ein und war ein Gegner der Konfiszierung von Eigentum. Diesem Umstand verdankt William »der Amerikanische«, dass er sich mit den neuen Restitutionsgesetzen von 1992 bedienen konnte: Nach Auslegung der Dinge gehörten seine Urahnen doch irgendwie zum Widerstand gegen die Habsburger. Selbst als sie ihnen mit Überzeugung dienten, blieben sie im Geiste böhmische Patrioten. Was sie taten, sollte dem Wohle des Landes dienen – so sah es auch Präsident Havel.

Williams Abstammung führt in direkter Linie auf den Sohn von Zdeněk Vojtěch (Adalbert) von »Asche« (Popel) zurück. Dieser Stammgründer, auf den Namen Wenzel Eusebius von Lobkowicz (1609–1677) getauft, war ein bedeutender böhmischer Politiker seiner Zeit. Vor allem ist es ihm gelungen, durch geschicktes Taktieren für die Raudnitzer-Linie ein beträchtliches Vermögen anzuhäufen, den Grundstock dessen, was heute William aus Boston verwalten darf. Neben dem Lobkowicz-Palast, der im Hradschin-Panorama von der Moldau aus gesehen gleich an die alte Burg anschließt und den rechten Flügel darstellt, wurde auch das Schloss Nelahozeves zurückerstattet (Geburtsort des Komponisten Antonín Dvořák, sprich Dworschak). Hinzu kamen die Brauerei Lobkowicz und das Schloss Střekovka (sprich Strschekowka) auf einem steilen Felskamm.

Hier, von den Lobkowiczern eingeladen, fand Richard Wagner 1842 die Inspiration für eine Oper. Die Steinwand, die Schlucht, die Kapelle oben, da erschien vor Wagners geistigem Auge sein lang gesuchter Held Tannhäuser. Zwar verlegte der Komponist die Handlung später auf die Wartburg, aber der Schlüsselakt sah genauso aus, wie an diesem mitteltschechischen Felsenort skizziert – die Venusbergszene. Der Entwurf in der Originalschrift liegt im Schlossmuseum. Ich las dort: »Tannhäuser, des ewigen Sinnesrausches im Banne der Venus-Göttin überdrüssig, sehnt sich nach der natürlichen Welt, nach dem Menschsein zurück.« – Der Ort dieser Eingebung liegt etwa 80 Kilometer nördlich von Prag. William organisiert Gourmetreisen zu dem Tisch, an dem einst der Komponist speiste, ins Restaurant *Wagnerovka*.

In das große Restitutionspaket schnürten die Prager Gerichte für den Amerikaner mit Bankausbildung auch die Weinberge von Raudnitz samt einem weiteren Schloss mit 250 Zimmern. Das neue Lobkowicz-Imperium wurde zudem mit zigtausend Hektar Wald abgerundet. »Der muss allerdings nach der sozialistischen Misswirtschaft wieder aufgeforstet werden«, stöhnt William. Also endlich: Es ist eine jener Aufgaben, die Havel so sehr am Herzen lagen: Das heruntergekommene Land wieder zu kultivieren. Und wer sollte davon mehr verstehen als der alte Adel, der es schon einmal urbar machte, dachte sich der Dichter. Immerhin bringt William die amerikanische »Power« mit. Er gründete eine Reihe von neuen Unternehmen und organisiert internationale Managertreffen, veranstaltet Ausstellungen und Konzerte, zu denen er die Teilnehmer auch im historischen Zug mit Dampflok bringt, fast wie in Disneyland.

»Eigentlich könnten Sie Fürst Albert I. von Monaco einladen, so von Fürst zu Fürst, Sie stehen doch auf dem gleichen Rang …«, schlage ich William vor. »Ach, Sie meinen, wie sagt man, social life?«, grient William und seine lichte Stirn wird noch etwas höher. Anscheinend traf ich mit dieser Frage seine empfindliche Stelle. »Nein, wir sind ganz normale Leute, meine Frau ist bürgerlich, stammt aus Rumänien, ist auch ein Flüchtling, wie wir Lobkowiczer.« Das besagt einiges. Der arrogante europäische Hochadel schätzt diesen heimgekehrten Neuzuwachs offensichtlich nicht besonders. Wer von den hohen Herrschaften aus Frankreich, Luxemburg, Spanien oder gar England wird schon nach Nelahozeves reisen?

Bisher hat sich bei William nicht mal Swarowski angemeldet. Diese Glasperlen- und Strass-Dynastie, ebenfalls böhmischer Abstammung, veranstaltete ihre »Fashion Rock Show« mit Superstars von Mode und Musik doch lieber in Monacos Grimaldi-Forum – trotz des prachtvollen Saals im Schloss von Nelahozeves. Zur Einweihung nach der aufwändigen Restaurierung kam Václav Havel persönlich. Mit ihm allein steht und fällt die neue tschechische High Society. Kommt Havel nicht, war die Party eine Pleite.

Die anberaumten zehn Minuten sind längst um. William wird nervös, die Anrufliste auf seinem Handy wird länger. Aber er weiß, wie wichtig PR-Arbeit ist. Ich bekomme noch eine dicke Pressemappe. Dort kann ich seinen Lebenslauf nachlesen: Harvard University, Bankausbildung in New York, Tätigkeit bei Boston Reality, über die man die begehrtesten Immobilien aus Amerikas viktorianischer Zeit erwerben kann. Mir dämmert es, wie William sein Prager Abenteuer finanziert: Mit einem Fonds. Erraten, William nickt. »Meine Freunde gaben mir großzügig ein Darlehen.« – »Sie meinen die Freunde von der Bank?«, hake ich nach. Wieder nickt William: »Irgendwann muss ich alles zurückzahlen, noch befinde ich mich in der Investitionsphase. Aber ich habe einen Businessplan, der funktioniert.«

Fürstlicher Pragblick aus dem Lobkowicz-Palast

Die Fassade am Hradschiner Lobkowicz-Palast beginnt unten, wo der Verputz am dicksten ist, zu bröckeln. Die Feuchtigkeit frisst sich die Wand hoch. Ein Loch nach dem anderen öffnet sich im Mauerwerk. Die Mörtelkrümel bröseln in den Paradiesgarten. »Was wird die Instandsetzung kosten?« – »Jetzt muss ich aber wirklich gehen«, drängt William plötzlich zum Aufbruch. Im Museumsshop mache ich ein Foto von ihm. Seine Hoheit überragt alle Regale. Wir verabschieden uns vor dem Familienbild seiner Großeltern, mindestens drei Meter hoch reicht es vom Boden bis zur Decke. Ich bewundere den Großvater, Maximilan Lobkowicz (1888–1967). Anwalt, Politiker, Diplomat. Als Völkerrechtler half er Tomáš G. Masaryk (1918-35 Staatspräsident) während der Republikgründung nach amerikanischem Rechtsvorbild bei konstitutionellen Fragen. Die Tschechoslowakei wurde zum Vielvölkerstaat, nach den Tschechen kamen schon in der Bevölkerungsstärke die Deutschen, doch mit den anderen Minderheiten ergab sich eine slawische Mehrheit. Die Republik sollte ursprünglich auch Tschechoslavien heißen – wie das *Café Slávia.*

Der Großvater war ein Gentleman, vom Scheitel bis zur Sohle mustergültig. Haarschnitt, Bärtchen unter der Nase wie aus Marmor, der weiße, hochstehende Kragen steif wie aus Porzellan, die Krawatte saß wie angegossen. Korrekte Haltung als Lebensinhalt. 1939, nach dem Einmarsch der Deutschen, emigrierte der Diplomat Lobkowicz zusammen mit dem Stab von Präsident Edvard Beneš (sprich Benesch, Außenminister unter Masaryk von 1918-35, Staatspräsident 1935-38 und 1945-48) nach England. 1940 war der Fürst Mitbegründer einer tschechischen Exilregierung in London, übernahm die Funktion des tschechischen Botschafters. Als Vermittler fädelte er die Gespräche zwischen Beneš und Winston Churchill ein. Diese Begegnungen gaben 1942 den Impuls für das Attentat auf Reinhard Heydrich. Eine historisch umstrittene Tat, denn als Vergeltung begannen danach die Schreckensherrschaft und der unsägliche Terror der Nazis im zwangsbeschnittenen Protektorat Böhmen und Mähren zu wüten. Es kostete mindestens 100 000 Tschechen das Leben.

Die Londoner Exil-Regierung fiel nach dem Zweiten Weltkrieg bei den Kommunisten restlos in Ungnade, obwohl auch Beneš mit Stalin verhandelte. Mit dem Rücktritt von Präsident Edvard Beneš 1948 kam Klement Gottwald (KP-Chef ab 1929, ab 1938 im Moskauer Exil, Ministerpräsident ab 1946, Staatspräsident und kommunistischer Diktator mit aller Macht 1948-53), die Marionette des Kremls, an die Macht. Als Außenminister Tomáš Masaryk an einem frostigen Februarmorgen im Hof des Czernin-Palastes unter dem offenen Fenster seines Badezimmers tot aufgefunden wurde (dritter Prager Fenstersturz), zögerte Maximilian

Lobkowicz nicht. »Er befürchtete, seine Verhaftung sei nur noch eine Frage von wenigen Stunden. Sein Diplomatenpass war nur noch zwei Tage gültig. Mein Großvater floh in letzter Minute nach London. Nur in einem Anzug, sonst konnte er gar nichts mehr mitnehmen«, betont William, über mein Interesse an seinen Großeltern hocherfreut. Die Großmutter, Gillian Margaret Somerville of Eymer Coghill (1890–1982), stammte aus altem englischen Adel. Auf dem Bild sitzt ihr Kostüm aus den 1930er-Jahren faltenfrei. Die Passform übertrifft die heutigen Chanelmodelle. Madame Lobkowicz erreichte ein gesegnetes Alter von 92 Jahren, war bis zum letzten Tag aktiv.

Schon wesentlich kleiner im Format präsentieren sich auf dieser Ruhmestafel die Fotos von Williams Eltern. Martin Lobkowicz (1928-83) und Margaret Brook Lobkowicz, geborene Juett (1930). Der Vater erlebte die Wende nicht mehr. Für Williams Mutter kam die Chance für die Rückkehr zu spät. »Sie hat sich zu sehr an das Leben in Boston gewöhnt. Das Milieu dort ist sehr europäisch, 1940 war es die letzte liberale Stadt Amerikas, die noch bereit war, Flüchtlinge aus ganz Europa aufzunehmen. Deutsche, Österreicher, Tschechen, Slowaken, Ukrainer.« – »Eine Mischung fast wie in Prag«, meine ich. William nickt.

»Was zahlen Sie an Versicherungsprämie für ihren Palast im Jahr«, frage ich noch als Letztes. »Die ›Heuernte‹ von Brueghel dem Älteren, die ›Infantin Margarita von Spanien‹, gemalt 1656 von Velázquez, solche unersetzlichen Werte sind bestimmt für Kunstdiebe aus aller Welt reizvoll. Da reicht die elektronische Sicherung wahrscheinlich nicht.« – Auf diese Bemerkung hat William tatsächlich noch gewartet: »Wir haben ein gutes Paket abgeschlossen. Eine Versicherung für alles, inklusive der Deckung von Personenschäden, falls ein Besucher die Treppe runterfällt, kostet mich eine Million Euro im Jahr.«

Ich versuche auszurechnen, wie viele Tickets William dafür verkaufen muss. Im Moment steht vor der Kasse kein Mensch. Wie geht diese Rechnung auf? Was wirft die Brauerei Lobkowicz ab? Gibt es Fördermittel aus dem Brüsseler EU-Topf? – Meine Güte – ich wäre schon mit einer Dachterrassenwohnung über den Kleinseitener Gärten mehr als zufrieden. Um sie zu restaurieren und mit feinstem italienischem Design auszustatten, dafür hätte ein kleiner Rubens oder Velázquez bestimmt gereicht. Ich hätte sie bei Sotheby's in London meistbietend versteigern können. Vielleicht hätte es sogar die tschechische Nationalgalerie wieder zurückgekauft. Ein verrücktes Spiel mit dieser Restitution, vorausgesetzt, man bekam dafür vom Schicksal gute Karten.

Über die Burg zurück zur Kleinseite. Meine Augen schweifen über all die herrlichen Fassaden. Renoviert, an die Zeiten von Gluck, Haydn und Mozart erinnernd. Franz Liszt studierte Komposition in Prag bei Anton Reicha, Paganini spielte im Liechtensteiner Palast, Luigi Cherubini war zu Gast bei Graf Nostitz. Ludwig van Beethoven widmete in Prag seinem Förderer und Gönner, Franz Joseph Maximilian von Lobkowicz (1772–1816), seine Sinfonie »Eroika«, die Heldenhafte. Die Originalpartitur liegt in der Glasvitrine bei William. Im Geiste höre ich die Klänge, atme die Atmosphäre Schumanns und Brahms'. In all diesen Palästen, an denen ich vorbeistreife, wurde musiziert, viel sogar. Sie dienten vorwiegend der Repräsentation, hatten so viele Räume, dass man es kaum schaffte, ein Fünftel davon zu bewohnen. Der Rest stand leer. So konnten die Lobkowiczer ihren Drittpalast in Wien ruhig dem Prager Ambassador zur Verfügung stellen, als Tschechische Botschaft.

Und die Deutsche Botschaft in Prag? Auch sie residiert in einem Lobkowicz-Palast, in der Vlašská-Gasse. Im Garten steht ein Trabant auf vier Beinen, gülden angestrichen. »Go West«, das Kunstwerk ist berühmt. In dem Fernsehfilm »Die

Prager Botschaft« wurde die Flucht der DDR-Bürger in diese diplomatische Enklave nachgestellt. Beklemmende Szenen. Nur fünf Toiletten gab es für fast 4000 Menschen. Stundenlanges Anstehen. Durchfall, Brechdurchfall. Kranke in den Zelten. Wochenlange Ungewissheit, schwere Monate des Bangens um die Zukunft: Wann kommt es zur Ausreise nach Westdeutschland? Dann erschien Hans Dietrich Genscher in Prag: »Wir sind zu Ihnen gekommen, um Ihnen mitzuteilen, dass heute Ihre Ausreise möglich geworden ist«, so wörtlich sein historischer Satz vom 30. September 1989.

Auf dieses Anwesen kann Fürst William keinen Restitutionsanspruch mehr stellen. 1927 hat es sein Großvater Maximilian an den tschechischen Staat verkauft. Man suchte dringend nach Gebäuden für hohe Ämter. Hier wurden zuerst das Schul-, danach das Außenministerium untergebracht. In den 1960er-Jahren hing am Eingang: Botschaft der Volksrepublik China. Den kriselnden diplomatischen Beziehungen zwischen Moskau und Peking folgte die Kündigung des Mietvertrags. Seit 1973 dient der Palast als Botschaft der Bundesrepublik Deutschland. Auch vorher hat schon ein Deutscher hier gewohnt, als Gast von Graf Lobkowicz. Es war Carl Maria Weber, von 1813 bis 1816 Operndirektor in Prag. Danach ging er nach Dresden. Und noch einen weiteren emotionellen Anker zur Familiengeschichte – »something special« – gab mir William mit auf den Weg: »Denken Sie daran, dass der Fall der Berliner Mauer in einem unserer Paläste begann.«

Man kann es durchaus so sehen, als Amerikaner. Halt, da habe ich etwas vergessen! Natürlich, das Prager Jesulein. Es ist doch wundertätig! Na und? Ich glaube, jetzt weiß ich, wem William seine Dankbarkeit für sein Glück zeigen muss. Ob das Jesulein wieder ein neues Kleid bekommt? Früher hat man sich auf diese Art für seine Wundertaten erkenntlich gezeigt. Ob William das weiß?

5
Der Prager Burgunder

Gut und gerne 15 Liter Wein trinken die Prager pro Kopf im Jahr. Örtliche Winzereien produzieren die Hälfte dieser Menge. Ein Weinberg liegt sogar mitten in der Stadt und hat eine besondere Geschichte.

MATĚJ BROUČEK (Herr Käferlein) wurde der berühmteste Zecher Prags. Natürlich ist er eine erfundene Figur. Svatopluk Čech (sprich Tschech), nach dem auch eine fabelhafte Jugendstilbrücke über die Moldau benannt ist, schuf ihn. Den Ort, wo sein Romanheld am Stammtisch saß, gibt es wirklich: Die Weinstube *Vikárka*. Sie befindet sich neben dem St. Veitsdom am Hradschin, in einer engen Gasse, anno Tobak nur spärlich mit Gaslaternen beleuchtet. Da wankte Herr Käferlein oft weinselig heim. Sprichwörtlich an der Wand entlang, aber auch das klappte nicht immer. Denn einmal hatte der Vikar vergessen, die Falltüre zu seinem Weinkeller zu schließen. So purzelte Herr Käferlein hinein und landete in einem leeren Fass. Dort friedlich eingeschlafen, träumte er, dass sich der riesige Holzbottich in eine Rakete verwandelte und ihn flugs zum Mond verfrachtete.

Das Buch wurde zum Klassiker und als solcher eine Zeit lang leider zur Pflichtlektüre. Inzwischen ist Herr Käferlein vergessen. Aber über den Prager Wein redet man wieder. »Der Winzer vom Weinberg« – so betitelte die *Lidové noviny* (Volkszeitung) einen Artikel in der Rubrik »Talk of the

Town«. Der Beitrag stammte von einer Autorin. Das muss man hervorheben, weil die Frauen in Prag vom Wein mindestens so viel verstehen wie die Männer. Ganz in der Tradition der Praggründerin, der orakelhaften Fürstin Libussa. Und so fing also die Weinexpertin Jaroslava Plesla ihren Bericht an:

»Über den letzten Winter klagt Antonín Tureček nicht. ›Die Weinrebe ist ein wärmeliebendes Gewächs, ein milder Winter bekommt ihr gut‹, sagt der 65-jährige Winzer mit grauem Haar, kurz geschnitten. ›Der Klimawandel in den letzten Jahren mit den steigenden Temperaturen begünstigt die Weinlese. Wir können viel früher die Trauben lesen und reifer als in der Vergangenheit sind sie auch.‹«

Jeder kennt Herrn Tureček (sprich Turetschek) im Stadtteil *Vinohrady*. So war es leicht für mich, ihn zu finden. Ich traf ihn bei der Arbeit. Mit Weinanbau hängt sein ganzes Leben zusammen. Geboren ist er in Prag, aber er zog aufs Land, um in Mělník, der Wiege der böhmischen Weintradition, die Agrarschule zu besuchen, mit Schwerpunkt auf der Winzerei. Nach dem Abschluss kehrte er nach Prag zurück, um Winzer zu werden. Im Stadtteil *Nusle* gibt es seit 700 Jahren eine Kellerei. In der Neuzeit werden hier rote und weiße Trauben aus Böhmen und Mähren, aber während des Sozialismus die georgische und moldawische Ernte, verarbeitet, gekeltert, nach Qualität sortiert und in Flaschen abgefüllt. Heute, privatisiert und in eine Aktiengesellschaft umgewandelt, wirft dieser Betrieb die beachtliche Menge von sechs Millionen Litern Wein auf den Markt. Allein damit wäre jeder Prager, vom Säugling bis zum Greis, schon mit fünf Litern Wein jährlich gut versorgt. Es fließen aber noch mehr edle Tropfen aus Prags Weinbergen. Die Hänge oberhalb des Barockschlosses Troja gelten als »Burgund an der Moldau«. Auf den Parzellen gedeihen exzellente Sorten, die vor Ort gekeltert werden. In diesen Betrieben, in Nusle und Troja, sammelte Herr Tureček 20 Jahre lang Erfahrung.

Eine Ära ging, die andere kam. Nach der Wende 1989 wechselten die Besitzer auch bei Troja. Der südwestliche Teil des Betriebs, Santa Klara, fiel dem städtischen Zoo und dem botanischen Garten zu; der südöstliche Teil, Salabka, wurde an den böhmischen Adel, die Nachkommen des Grafen Šternberk, restituiert. In dieser Zeit der Restituierung, als man Prag neu ordnete, erinnerte sich der Bürgermeister von *Vinohrady* daran, was er seinem Bezirk schuldete: Auf diesem Areal nämlich ließ Karl IV. Reben anbauen, aus dem Burgund, dem Rheinland und der Mosel hierhergeholt. Dass es die deutschen Winzer waren, die den Prager Weinen zum Ruhm verhalfen, bezeugt der Name der beiden ursprünglichen Gutshöfe – Horní (obere) Landhauska und Dolní (untere) Landhauska, den deutschen Begriff »Landhaus« tschechisch gemacht.

Aus dieser Tradition sind Ende des 19. Jahrhunderts die neuen Weinberge in Havlíčkových Sadech (sprich Havlitschkoviech) entstanden, in einer zwölf Hektar großen Parkanlage, gestaltet nach dem römischen Vorbild der Villa Borghese. Von hohen Mauern umgeben, nur durch Tore aus den vier Himmelsrichtungen zu betreten, winden sich die verschlungenen Wege von mächtigem Baumbestand beschattet an einer Grotte, dem Brunnen mit einer Neptunstatue, zerklüfteten Felsengebilden, welligen Wiesenflächen, kleinen Teichen und Plätzen mit Bänken vorbei, von denen aus man hübsche Ausblicke genießt. Den herrlichen Park ließ man zu sozialistischen Zeiten verkommen. Erst seit dem Jahr 2000 bemüht man sich, den alten Zauber wiederherzustellen. Es geht langsam. Die meisten Ecken wirken immer noch verwunschen, bei bedecktem Himmel gar gruselig. Mich erinnert dieser Park stark an Marienbad, wo ich meine Kindheit verbrachte. Das steile Gefälle, die Tannen zwischen den

Weinpavillon über der Landhauska: Die ersten Siedler waren Deutsche.

Eichen, Kastanien und Pappeln, man glaubt es kaum, dass es mitten in Prag so ein Stück Böhmerwald mit dem Flair eines Kurorts geben kann.

Die neuen Felder für die Weinstöcke ließ hier Moritz Gröbe anlegen. Als Fabrikgründer und Unternehmer leitete er auch den Ausbau der österreichischen Eisenbahn von Wien über České Budějovice (Budweis) nach Prag. Von Berufs wegen mit der geologischen Bodenbeschaffenheit gut vertraut, fand Gröbe diesen sonnenüberfluteten Hang für die Reben hervorragend. Die Lage ist so gesehen dem Mosel-Tal ähnlich, nur eben mitten in einer Metropole, was natürlich einen besonderen Reiz in sich birgt.

Gleichzeitig konnten Gröbes Bautruppen das dringende Problem lösen, das sie bekamen, als sie für den Prager Hauptbahnhof einen 1,2 Kilometer langen Tunnel durch das Weinbergmassiv zu bohren begannen: Wohin mit der herausgebuddelten Erde und dem Gestein? Da lag doch dieser Naturhang ideal, gleich neben dem Tunnelschlund praktisch nur einen Schaufelwurf entfernt. Kostengünstiger ging es ja gar nicht, als den ganzen Schutt dorthin zu kippen. Daraus wurde ein optimaler Boden für die Rebstöcke. Der Jurakalk dominiert. Auf mehreren Schichten Erde, Kies und Sand, locker aufbereitet, können die Rebwurzeln gut atmen. Die beste Voraussetzung, um kräftig nach oben zu streben.

Am 15. September 1871 fuhr der erste Zug durch den fertigen Tunnel in den Prager Hauptbahnhof von Kaiser Franz Josef I. ein. An diesem Projekt verdiente sich Moritz Gröbe eine goldene Nase und ließ auf dem Hügelplateau oberhalb seines Weinbergs eine fürstliche Residenz errichten. Das Maß dafür kopierte man sichtlich von den Kleinseitener Palästen. Auch der honorige Stil wurde nachgemacht: Italienische Renaissance. Rund 30 Salons und Räume, teils Wohnbereich, fanden nebst einem repräsentativen Treppenaufgang aus Marmor unter dem römisch verschnörkelten Palazzodach großzügig Platz. Für die Innenausstattung bestellte Gröbe die gleichen renommierten Prager Künstler, die auch die Theater, Konzertsäle und jene verschwenderisch gebauten Gemeindehäuser ausschmückten. An Blattgold, Reliefs, Stuck und Statuen wurde nicht gespart.

Das Schicksal vergönnte Moritz Gröbe 15 Jahre, um diesen Luxus zu genießen. Er wurde auch als Gastgeber für rauschende Feste berühmt, vielleicht der spendabelste von allen. 1891 starb er an einer Lungenentzündung, die er sich bei der Aufsicht der nächsten Tunnelarbeiten in Prag zugezogen hatte, als ihn bei eisigen Temperaturen ein plötzlicher Wassereinbruch im Schacht überraschte. Seine Familie bewohnte die Villa noch bis 1902. Danach stellte man sie Elisabeth Marie Fürstin zu Windisch-Graetz als Prager Wohnsitz zur Verfügung. Sie hatte eine schwere Kindheit, denn als sie gerade fünf Jahre alt war, erschoss sich ihr Vater, Kronprinz Rudolf, zusammen mit seiner Geliebten, Mary

Vetsera, in Mayerling. Er war der Sohn des österreichischen Kaisers Franz Josef I., und seine Tochter, Elisabeth, war somit die Enkelin des Kaisers. Sie heiratete 1902 den Fürsten Otto zu Windisch-Graetz.

Es war eine Ehe, die in des Kaisers strengen Augen als nicht ganz standesgemäß galt. Und es war bereits die zweite Hochzeit in der Familie, die seiner Majestät missfiel, denn schon im Jahr 1900 hatte der Thronfolger, Franz Ferdinand, Neffe des Kaisers, unter seinem Stand geehelicht. Seine Gattin, die tschechische Sophie Gräfin Chotek, stammte zwar aus einem alten, aber niedrigen Adel. Die im Rang »abgerutschten« Verwandten des Kaisers waren am Wiener Hof somit nicht mehr willkommen. Sie fanden Zuflucht in Prag, wo sie dagegen zur Creme der Gesellschaft zählten. Zu den Festen, zu denen Elisabeth Marie in die Gröbe-Villa lud, erschien die Prager Haute Volée geschmeichelt und in bester Manier herausgeputzt.

Aus diesem Treiben sollte noch eine Tradition werden. Als die Erben die Prachtvilla samt dem Weinberg 1906 an die städtische Bezirksverwaltung verkauften, blieb der Ort ein Repräsentationstreffpunkt in Prag. Vor allem für die deutschen Prager mit ihren Festen, Bällen, Konzerten und Literaturabenden. In zeitgenössischen Berichten wird das friedliche Miteinander der Tschechen und Deutschen an diesem Ort erwähnt. Die nationale Wiedergeburtsbewegung der Tschechen führte nämlich zu dieser Zeit zu einer stark antideutschen Stimmung. Im Kreis um die *Villa Gröbovka* war man um einen Ausgleich bemüht, »was dank dem Wein aus der örtlichen Produktion zumindest an den Veranstaltungsabenden auch stets gelang«, berichtete die *Prager Zeitung*.

Der Wein der »Gröbovka« hatte damals schon einen beachtlichen Ruhm. Daran wollten nun die Stadträte im Jahre 1993 wieder anknüpfen. Mit der Verpflichtung von Herrn Tureček, wie man heute weiß, traf man die beste Wahl. Als

Experte kommt er gleich ins Schwärmen, wenn er über sein Reich spricht: »Einen Weinberg im Stadtzentrum gibt es in ganz Europa nur noch in Paris«, sagt er. »Aus Wien stammen auch etliche Rebsorten, aber sie reifen alle außerhalb der Stadt.«

Die zentrale Lage der »Gröbovka« hat Vorteile. Zum Beispiel klimatische. »Rebstöcke können im Winter vom Frost erheblich beschädigt werden. Wenn mir die Winzer aus verschiedenen Regionen Tschechiens melden, bei ihnen gab es in der Nacht bis zu minus zehn Grad Celsius, da sank in Prag die Temperatur gerade mal etwas unter Null«, frohlockt Tureček. Er fügt noch hinzu: »Ein paar Jährchen nahm es schon in Anspruch, bis aus der Traubenproduktion hier auch ein achtbarer Wein entstand. Doch seit dem Jahr 2000 gibt es keinen Zweifel mehr, dass die neue ›Gröbovka‹ zur Spitzenqualität gehört.«

Die Pflege der Weinstöcke schafft Herr Tureček mit seiner Frau fast alleine. Für tschechische Verhältnisse ist der Boden auch besonders fruchtbar. Für den Weißwein wird »Müller Thurgau« kultiviert und für den Rotwein »Blau- und Grauburgunder«. Zu der Ernte kommen begeisterte Helfer aus dem ganzen Viertel, seit 1997 wird sie alljährlich mit einem rauschenden Weinfest gekrönt. Der Ertrag aus 1,7 Hektar reicht für 4000 Liter erstklassigen Wein. Größtenteils wird er auch vor Ort getrunken, in einem historischen Pavillon, der zu einem Prager Kulturdenkmal erklärt wurde. Von Moritz Gröbe 1888 erbaut, ließ sich die Kommune die Rekonstruktion die stattliche Summe von rund 720 000 Euro kosten. Zur feierlichen Einweihung im Herbst 2004 erschien auch Präsident Václav Klaus.

Déjà-vu. Der Altan erinnert mich an die alte Schlosstrinkhalle in Karlsbad. Wie eine Spitze hängen die Ornamente der Verzierung unter dem rustikalen Schieferdach, die gedrechselten Säulen scheinen bei starker Sonnenbestrahlung zu tanzen, so schlank sind sie. Was mich beim letzten Besuch faszinierte, war der neue Kontrast. Bei der aufwendigen Sanierung wurde die Holzkonstruktion um eine ultramoderne, unterirdische Bar, eine ebenerdige Galerie sowie eine Vinothek ergänzt. Den Aha-Effekt erlebt man auf der Toilette: Die Kabinen sind wie ein Raupen-Kokon gestaltet. In Technowänden aus Edelstahl spiegelt man sich mehrfach, sieht sich überlagert und verzerrt, als wäre man schon im Delirium. Dieses coole Design fand bereits Eingang in internationale Designer-Magazine und Lifestyle-Bücher.

Keine Gotik, kein Barock in Sicht. Von der Terrasse hat man ein Panorama auf Prag, das sogar mir ganz und gar unpragerisch vorkommt. Wo bin ich? In Birmingham (hat durch die Industrierevolution des 19. Jahrhunderts mit Prag viel Gemeinsames), in der Wiener Neustadt (Ähnlichkeit wegen den monotonen Mietskasernen) oder in Motorcity Detroit (Zerfall der Schwerindustrie)? So seltsam wirkt dieses mit gewaltigen Blöcken dicht besiedelte Metropolis, das sich über ein buckliges Hügelland erstreckt: Nur klobige Gebäudegruppen, monströse Siedlungen, babylonische Gewerbekomplexe.

Aber beim zweiten Blick wird es spannend. Allerorts wird eifrig renoviert. Das endlose Grau wird durch eine wilde Farbigkeit gesprengt. Rot, gelb, blau, grün strahlen die sanierten Fassaden wie in einem bunten Legoland. Über dem Häusermeer unten erheben sich auf einem Hügelkamm drei riesige Kolossalbauten. Einer davon wird, nach der Rekonstruktion, der höchste Wolkenkratzer Prags: 109 Meter hoch und mit 27 Stockwerken. Untrügliche Zeichen dafür, dass die Investoren diese Gegend als Prags neue »Second City«, als neue »Stadt« in der Stadt, entdeckten. Der Wechsel von althergebrachter Bürgerlichkeit zum hedonistischen Lifestylekult vollzieht sich nun rasant. Aus stillgelegten Fabriken werden trendige Lofts. Der Blick auf die blühenden Wein-

Standort Weinberg: Designer-Wohnungen für die Elite

berge wird in jedem Prospekt erwähnt. Die hochwertigen Wohnungen in der Residenz Havlíčkovy Sady wurden unbesichtigt im Internet gekauft, bei einem Quadratmeterpreis von 2500 Euro. Ein Parkplatz in der Garage kostet noch mal 12 000 Euro extra.

Die Penthouse-Etage dieser Residenz ragt über die Baumkronen des Parks. Der Bau besteht aus einem System von Quadraten. Wie Module schließen sich schachtelartig die Blöcke ineinander, farblich an der Fassade wie ein Schachbrett strukturiert. Braunrot, weiß, silbergrau, die quadratischen Fenster asymmetrisch mit feuerroten Rahmen eingefasst. Der Kontrast zum Weinaltan in luftiger Höhe vis-à-vis könnte nicht größer sein. Kühle Sachlichkeit gegen betuliche Gemütlichkeit. Der Hang mit den Rebstöcken reicht förmlich bis an den Tisch. Da sitzt man auf der Terrasse wie in einem Korb voller Trauben, und von dem satten Blau, dem so endlos tiefen Blau, wird das Auge trunken.

»Ist es hier nicht wie in Bordeaux? Dieser herrliche Blick«, raunt mir ein älterer Herr vom Nebentisch zu. Er trägt Dunkelblau, Trainingsjacke, knöchellange Sporthose, Joggingschuhe. Vorhin ist er mir auch schon aufgefallen, wie er leichtfüßig den Hang hinaufsprintete. Jetzt genehmigt er sich einen Schoppen Roten. Auch er hat mich schon eine Weile beobachtet. Meine Begeisterung, mit der ich den weißroten Designerblock unterhalb des Weinpavillons fotografierte, voll im digitalen Bilderrausch, hat ihn offenbar beeindruckt.

»Wissen Sie zufällig, was aus der Gröbe-Villa jetzt nach der Renovierung wird?«, nutze ich die Gelegenheit zu fragen, nachdem ich oben das Anwesen, soweit es ging, von allen Seiten begutachtet hatte. Die weitläufige Esplanade mit der Kegelbalustrade hat mich sehr beeindruckt. Auch die kunstvoll restaurierte Fassade. Die Loggia und alles drum und dran, einfach Klasse. Der Weg hierher lohnt sich, mal was völlig anderes als der Hradschin mit dem Postkartenpanorama der Karlsbrücke.

Der Herr, der offenbar in diesem Weinaltan zu den Stammgästen zählt, verzieht sein Gesicht: »No«, leitet er, wie bei den guten tschechischen Landsleuten üblich, seine Antwort ein, »wenn Sie die Villa von außen schon gesehen haben, dann können Sie sich's denken.«

»Ein neues Luxushotel?« fange ich das Rätselraten an. »Hotel? Da haben wir schon *Le Palais* dort oben«, erwidert der Mann und deutet in die Richtung, wo die Nobelherberge steht. Hoch über den Weinbergen mit Panoramablick über das Tal von *Nusle*. An dem ehemaligen Patrizierhaus des Metzgers, der die Prager Würstchen erfand, prangt jetzt die Messingtafel »Member of the Leading Hotels of the World«. Und es ist ausgebucht mit Geschäftsleuten, die nicht den Hradschin, sondern die Firmen vor Ort besuchen.

Der Stadtteil *Vinohrady* nimmt seine neue Chance wahr.

Haben sich die Altstadt und die Kleinseite, wo man jetzt nur noch etwa 40 000 angestammte Einwohner zählt, zu Ballungszentren des Tourismus gewandelt, so entwickelt sich der zweite Prager Bezirk ganz anders. *Vinohrady*, schon einmal Wohnort der vermögenden Schicht, wird immer mehr zum neuen Standort der Professionals aus verschiedenen Branchen. Hier findet man Analysten, Business-Netzwerker, Juristen, Ökonomen, Projektmanager, Steuerexperten, Strategieberater, Wirtschaftprüfer, Zukunftsplaner. Eine finanzkräftige Klasse, vom tschechischen Staatschef Václav Klaus bestens repräsentiert. Stammt er doch selbst aus diesem Viertel und hält er als Nationalökonom auch am liebsten hier seine Vorträge über die Weltwirtschaft aus seiner persönlichen Sicht.

»Aber was wird aus der Gröbe-Villa?«, frage ich noch einmal, da ich dort keinen Hinweis entdeckt hatte. Nur ein Schild »Privatgelände. Eintritt für Unbefugte streng verboten«. – »Na, was denken Sie, wer hat das meiste Geld?«, höre ich den Herrn nörgelig brummen. – Typisch, die Tschechen reden gern in Rätseln, in Symbolen, kryptischen Kürzeln und in Antworten, gekoppelt an Fragen. Man ist doch nicht blöd, irgendwie muss man von selbst darauf kommen, wie die Dinge liegen. Ich tippe nun auf große, internationale Beratergesellschaften als neuen Hausherren: Ernst & Young, Boston Consulting, McKinsey. Sie sind in Prag massiv vertreten und expandieren weiter, mit Hunderten von Mitarbeitern stärken sie die Oberschicht, die gutes Geld verdient und gut zu leben weiß.

»Sie sind schon sehr nahe dran«, nickt der Herr anerkennend über meinen Instinkt. Er nimmt noch einen Schluck »Gröbovka«, von dem Dornfelder. Dunkel in der Farbe, kraftvoll auf der Zunge. Und ich erfahre, was ich wissen wollte: »Die amerikanische Anwaltskammer erwarb die Villa als neues Bildungszentrum. Sie hat in Prag 1999 die

›Central and East European Law Initiative‹ gegründet, um Fachanwälte, Verteidiger und künftige Richter aus Mittel- und Osteuropa zu trainieren. Die Villa ist für Seminare und Konferenzen mit modernster Technik ausgerüstet. Es gibt sogar einen Raum, eingerichtet wie ein Gerichtssaal, um Verhandlungen zu simulieren. Und es gibt auch einige Suiten für die Staranwälte, die zu den Vorträgen anreisen, und eine Küche. Die Amerikaner stecken in diese Einrichtung fünf Millionen Dollar jährlich.«

Ich staune, wie gut er informiert ist und erfahre gleich warum: »Ich war früher Lehrer, jetzt bin ich im Ruhestand, habe mich aber an dieser Bürgerinitiative beteiligt«, verrät mir der Herr »Wir haben Protest eingelegt und Unterschriften gesammelt, damit das Jugendzentrum in der Villa bleiben kann. Leider alles umsonst. Auf dem Platz neben der Villa, wo früher die Straßenjungs hinter dem Fußball herjagten, spielen jetzt die Anwälte Tennis.«

Dann schüttet mir dieser Herr Vondráček, wie er sich vorstellt, sein Herz aus: »Dieses neue System verstehe ich oft nicht. Da werden Kindergärten und Schulen geschlossen, jede zweite Schule – egal ob Grund-, Hauptschule oder Gymnasium – privatisiert, der Rest zusammengelegt und die leer gewordenen Objekte an ausländische Firmen verpachtet.« Noch ein tiefer Schluck und es kommt Herrn Vondráček verbittert hoch: »Rund um die Gröbovka gibt es drei neue private Kindergärten, wo allein schon die Tagesbetreuung eines Kindes so viel kostet, dass ein normaler Arbeiter das nicht bezahlen kann. Die Mieten in diesem Viertel kann sich ohnehin kaum mehr eine junge Arbeiterfamilie mit zwei Kindern leisten. Aber das interessiert unseren Herrn Klaus nicht.«

Man merkt es. Klaus, Politik, Profit und diese, vor überheblichem Selbstbewusstsein strotzenden Jungs, die sich Professionals nennen, das alles tropft Herrn Vondráček wie

Denkmal zum Nachdenken: Kafkas Alter Ego hoch auf dem kopflosen Herrn K.

Wermut in seinen Gröbovka-Wein. Er schmeckt immer sauerer. Und dann schwenkt er urplötzlich auf ein ganz anderes Thema über, weil ich aus München komme: »Früher haben hier viele Deutsche gelebt. Es ist ein Viertel der Protestanten, fleißige Leute, die immer wieder von vorne anfangen. Es wird wieder ... ach übrigens«, unterbricht er den Faden für eine neue Frage zwischendurch: »Wissen Sie, was im Zweiten Weltkrieg in der Villa Gröbovka war? Darauf kommen Sie bestimmt nicht!«

»Das Oberkommando der Wehrmacht?«, tippe ich ins Blaue, vom Blau der Burgundertrauben geblendet. »No, so falsch liegen Sie ja gar nicht«, quittiert Herr Vondráček: »Die Nazis in Prag haben die Villa, als ursprünglich deutschen Besitz, beschlagnahmt und machten daraus das Haus der Hitlerjugend. Die waren so fanatisch, dass sie in den letzten Kriegstagen im Mai 1945 die Villa bis zum letzten Atemzug gegen die nach Prag einrückende Rote Armee verteidigen wollten. Diese jungen Burschen im Alter von 15 Jahren waren völlig verrückt. Alle waren bereit für den Führer zu sterben.«

Auf diesen Umstand führt es zurück, dass die Gröbe-Villa und die Weinberge bei einem der vereinzelten Flugangriffe auf Prag beschädigt wurden. Die britischen Flieger hatten nur den Eingang zum Tunnel gezielt bombardieren wollen, um den Hauptbahnhof für den Truppenabzug der Wehrmacht lahmzulegen. Doch der Tunnelschlund samt der Gleise ist unter dem Hang so gut versteckt, dass man ihn nicht fand. Das Haus der Hitlerjugend dagegen war eine sichere Zielscheibe. Nach einem Volltreffer brannte es aus. Anfang der 1950er-Jahre wurde das schwer beschädigte Anwesen notdürftig zusammengeflickt und diente wieder als Jugendzentrum, diesmal der Sozialistischen, dem Jugendverband ČSM (Pendant zur ostdeutschen FDJ). Deshalb hat mich damals diese Gegend abgestoßen. Ich zog es lieber vor, mich durch die Waldsteingasse der Kleinseite treiben zu lassen. Ich trug auch niemals ein blaues Hemd.

»Wissen Sie«, meint der Herr zum Abschluss, »vielleicht sind die Anwälte aus ganz Europa künftig doch nicht so falsch hier« – und er macht eine bedeutungsschwangere Pause: »Als Gäste für den Weinpavillon sind sie willkommen. Und wer diesen Schoppen ›Gröbovka‹ probiert, der wird begeistert sein. Wetten?«

Und Herr Tureček? Bald wird er in Rente gehen. Über seinen Nachfolger entscheidet das Bezirksrathaus. Aber Herr Tureček wird einen Vorschlag machen, er hat es mir schon verraten: »Ich habe hier zwei sehr geschickte Hände, die mir seit vier Jahren mit großer Begeisterung helfen. Ich glaube, eine bessere Erbfolge auf meinen Posten kann es gar nicht geben als diese junge Frau. Sie macht gerade ihr Agrardiplom an der Hochschule in Suchdolech. Sie wird eine hervorragende Winzerin sein. Sie hat dafür beides am rechten Fleck: Kopf und Herz.«

6
Der alte Mann und der junge Hund

Die Störche sind die Überbringer von guten Nachrichten und die Hüter des Glücks im Hause. Auf der Prager Kleinseite steht so ein Haus, mit drei von diesen langbeinigen Schreitvögeln im Wappen.

ZUERST BIEGT EINE GRUNDSCHULKLASSE um die Ecke. Schon von Weitem kann man erkennen, dass es Schweden sind. Alle haben gelbe T-Shirts an. Und mir fält bei diesem Anblick das Jahr 1648 ein: Als das Heer der schwedischen Königin Christina, Tochter des Eisernen Gustavs, Prag plünderte. Anders die Ururnachkommen jetzt. Sie benehmen sich gesittet. Offenbar liegt es an der schwedischen Tradition: der König, die Lehrer und die Elche genießen in Schweden traditionell Respekt.

In Prag gebührt den Störchen eine besondere Ehre. Nach dem Zug der schwedisch-königlichen Schulklasse bleibe ich an der Ecke Waldsteiner Platz und Tomášská (sprich Tomáschská) stehen. Es ist eine meiner Lieblingsstraßen auf der Kleinseite, nicht nur weil sie meinen Namen trägt. Die Thomas-Gasse ist ein urbanes Schmuckstück, wie aus dem Bilderbuch des 18. Jahrhunderts. Arkaden, Gewölbe, Laubengänge, Erker und spitze Giebel, Barockhäuser in engen Gassenschluchten und quer darauf zuführende schmale Korridore, selbst an sonnigsten Tagen halbschummrig.

Ein Haus fällt mir nun speziell auf. Obwohl ich es aus meiner Studienzeit kenne, erkenne ich es kaum wieder. Es

Die Botschaft der Störche: Frustra mundus invidet, quando Deus providet.

wurde vollständig renoviert und es liegt wohl an dem ungewöhnlichen Hauswappen: *U tří čápů* – sprich: U trschí tschápu (Zu den drei Störchen). Auf einer großen, schwarzen steinernen Reliefplatte harren sie auf ihren langen Beinen aus, als würden sie jemanden erwarten. Da kommt er schon, und auf einmal ist es in der Gasse ruhig, niemand sonst schreitet über das Pflaster, nur er: Ein alter Mann mit gelbem Strohhut. Neben ihm trottet brav ein kleiner, lustiger Hund. Ein Motiv, typisch für's Altprager Milieu, was mich sofort dazu verleitet, ein Foto zu machen. Verstohlen, es ist schließlich nicht ganz die feine Art, alte Leute abzulichten, ohne sie nach ihrer Erlaubnis zu fragen.

Klick! Und ich denke in diesem Moment darüber nach, ob dieser Rentner wohl genügend Pension erhält, um sich und seinen drolligen Vierbeiner anständig durchzubringen.

Schon am nächsten Tag sollte ich erfahren, wie dieser Hund heißt und auch, dass sich der alte Mann, von der breiten Sonnenkrempe gut behütet, um sein Auskommen gar keine Sorgen machen muss. Dass ich mit ihm sogar zu Mittag essen werde, das gehört zu jenen Zufällen, die in Prag häufig passieren. Heute noch ein Fremder, morgen schon ein Freund. Alles hängt irgendwie zusammen. Es ist kein Zufall, was geschieht, sondern Fügung. Man muss nur den geheimen Zeichen trauen und den mystischen Kreisen folgen. Und das funktioniert dann so.

Ich beschließe, dieses Refugium der drei Störche von innen zu inspizieren. Über dem Eingang prangt der historische Schriftzug »Waldštejnská hospoda« (Wirtshaus). Doch dieses Lokal habe ich ganz anders im Gedächtnis. Urig, mit dunklen Balken an der Decke. In den Ecken standen Ritterrüstungen, in Glasvitrinen reihten sich Zinnkrüge, alte Pfeifensammlungen und Wimpel der traditionsreichen Fußballvereine. Die Kicker waren auch im Sozialismus gefeierte Stars. Sie waren hier Stammgäste, genauso wie die Diplomaten aus den umliegenden Botschaften und die Beamten aus den Ministerien für Kultur, Finanzen und Sport. Privilegiert labte sich eine Elite an der echten Prager Küche, ohne Versorgungsmangel. Forelle und Karpfen, Gans, Ente, Reh und Wildschwein, dazu Pilsner Urquell, dunkles Bier Purkmistr aus Domažlice, feuriger Pflaumenbranntwein oder die dem Gaumen schmeichelnden mährischen Weine aus Mikulov.

So war es! Aber warum kann ich mich an die Tafel mit den drei Störchen draußen nicht erinnern? Womöglich lag es an der Verschmutzung damals. Viele der Altprager Hauswappen waren derart verblasst, verwittert, verrußt, verstaubt, dass man sie kaum mehr wahrnehmen konnte. Jetzt strahlen die meisten wieder in neuer Frische, manche kunterbunt, andere grell und schrill. Dieses Hauswappen allerdings gleicht einem erlesenen Kunstwerk, in eleganter, graugoldener Farbe auf schwarzem Hintergrund ausgeführt. Die drei Vögel wirken elegant und edel. Echte Glücksbringer.

In gespannter Erwartung schiebe ich mich durch die Tür, nehme die drei Stufen dahinter und bleibe in der Vorhalle wie angewurzelt stehen. Es blendet. Als wäre ich in eine Eishöhle gerutscht. Kristalle glitzern, Sternenpulver flimmert. Wie Kometen strahlen die Lichter von der Decke. Links, wo einst das rustikale Holz die Wände verkleidete, blitzt frostiges Kalkweiß von den Wänden. In Signalrot leuchten die Polsterstühle. Links, aus einer Steinplatte geformt, so dünn geschnitten, dass es durchschimmert, breitet sich die Rezeption aus. Von hinten, wie der Kommandostand einer Raumstation, beleuchtet.

Es ist also ein neues Hotel. Die sogenannte »Boutique-Klasse«: 20 Doppelzimmer und zwei Singles in der Fünf-Sterne-Kategorie, dazu eine First-Class-Gastronomie. Eine der Ritterrüstungen hängt noch an die Wand genagelt. Asketisch in einer Nische, trotzt sie dem allgegenwärtigen Weiß. Das Brustblech poliert, hinter dem Rücken drei furchterregende Schwerter. Die finsteren Augenschlitze im Helm verbreiten Grimm und Schauder. Die blutrot gefärbten trockenen Äste, wirken in der Vase wie Feuer.

Und wie sehen die Gästezimmer aus? Ich darf einige besichtigen. Der Aufzug aus grünlichem Panzerglas hebt mich durch ein lichtüberflutetes Atrium nach oben. Man schwebt förmlich in eine Wolke aus Weiß hinein. Die Balustraden, die Türen, der Boden aus Sandsteinplatten sind cremefarben. Weiß ist der Teppichvorleger vor dem Bett, weiß sind die Bäder, weiß strahlen die freistehenden Schalen auf dem grauen Marmor, die als Waschbecken nur derjenige zu nützen weiß, der die Edelstahlarmaturen zu bedienen begreift. Ehrlich gesagt ist mir dieses smarte Zeugs im Gebrauch ein Graus. Aber darum geht es jetzt nicht.

Die schwarzen Flachbildschirme der Fernsehgeräte wirken wie ein Loch ins All. Endlos, finster, geisterhaft. Aber dann bietet sich noch der Blick auf den Waldstein-Palast aus dem Fenster. Fabelhaft! Und ich stelle mir urplötzlich vor, welches Gefühl einen übermannt, wenn man hier so dicht, Wand an Wand, neben dem Palast des Generalissimus nächtigt. Vom Bett aus »fensterlt« man direkt in den Prunksaal. Es bietet sich eine ungewöhnliche Perspektive zur Decke. Dort ist Wallenstein als Kriegsgott Mars dargestellt, wie er in einem römischen Gladiatorenwagen in den Ruhmeshimmel rast. Zum ewigen Ruhm.

»Die Zimmer sind großartig, ich bin beeindruckt«, bedanke ich mich an der Rezeption. Schon will ich mich aus der Tür drehen, da fällt mein Augenmerk auf ein Regal an der sonst minimalistisch kahlen, weißen Wand. Dort in Reih und Glied ausgerichtet, liegen etwa ein Dutzend Bücher. Eines davon fingere ich, von Neugier gepackt, heraus: »Němci v Čechách« (Die Deutschen in Tschechien), so lautet der Buchtitel. Er bezieht sich auf die unendliche Geschichte des Vielvölkerbundes auf böhmischem Boden, diesmal aus einer subjektiven Perspektive. »Im Jahr 1848 bilden die Deutschen genauso wie die Tschechen in der österreichischen Monarchie eine völkische Minderheit. Die historische Zusammengehörigkeit ist daher unzertrennlich, aber von Ungerechtigkeiten und Übergriffen auf beiden Seiten ramponiert« – so der Kurzinhalt.

Aus dem Klappentext erfahre ich noch: »Mit der Analyse der Ursachen promovierte Milan Sládek 1957 als Exil-Tscheche an der Universität in Montreal zum Doktor der Philosophie. Mit dem Diplom für ›German Minority in Czechoslovakia‹ erhielt er einen Lehrstuhl als Dozent.« Meine Spürnase, dass hinter diesem Kurzinhalt mehr stecken könnte, lässt mich nicht unerledigter Dinge davonziehen.

»Sagen Sie, wie kommt ausgerechnet dieses Buch hier ins Regal?«, erkundige ich mich an der Rezeption. – »Der Autor, Herr Sládek, ist der Besitzer dieses Hauses, ihm gehören auch noch weitere vier Hotels auf der Kleinseite, insgesamt fünf.« – »Ist es möglich, Herrn Sládek zu treffen?« – »Určitě« (sprich urtschitje = gewiss), höre ich jene häufige Replik, die man als eine positive Antwort versteht. Eine Telefonnummer erhalte ich sogleich.

Schon beim ersten Anruf habe ich den Geschäftsführer der Unternehmensgruppe dran. Der Doktor der Philosophie, Milan Sládek, sitzt neben ihm. »Gott zum Gruße, welches Glück bringen Sie uns?«, posaunt er fröhlich in den Hörer, ganz im Sinne der Störche, für gute Botschaften zuständig. »Ich schreibe neue Geschichten über das alte Prag, Herr Sládek. Ich würde mich gern mit Ihnen treffen. Hätten Sie für mich am Mittwoch Zeit?« – »Geht nicht, da habe ich mariáš…«, grummelt es zurück.

Mariasch? Eigentlich heißt es »Mariage«, französisch, für Hochzeit. Ein Kartenspiel. Man kennt es auch als »Sechsundsechzig« oder »Schnapsen«. Es wird zu zweit oder zu viert gespielt. Das Talon enthält 120 Augen. Ziel ist es, mindestens 66 Augen davon zu erhalten. Über Mariasch liest man viel bei Schwejk. Wegen Mariasch ist für Sládek jeder Mittwoch heilig.

»Heute haben wir erst Montag«, werfe ich ein. »Na bravo, dann treffen wir uns doch gleich morgen. Zum Mittagessen, wenn es Ihnen recht ist«, lärmt mir seine resolute Stimme ins Ohr. Ungewöhnlich jugendlich für einen Mann, laut seinem Buch Jahrgang 1929. Ich ahne, dass ich es mit einem außergewöhnlichen Phänomen zu tun habe. »Abgemacht! Wir treffen uns in der *Valdštejnské hospodě.*«

Punkt zwölf Uhr bin ich da! Das Personal empfängt mich mit ausgesuchter Höflichkeit. Es wurde über meinen Termin mit dem Besitzer informiert. Als er dann eintrifft, traue ich meinen Augen nicht. Vor mir steht der alte Mann mit dem gelben Strohhut, den ich draußen an der Ecke schon heimlich fotografierte. Na so was! Und ich hielt ihn für einen sozial schwachen Rentner und machte mir Sorgen um sein Auskommen. So kann man sich täuschen.

»Das ist Yogi«, stellt er mir seinen kleinen Hund vor. Ein französischer Bulldog. Das Fell schwarz-grau gestreift, mit schwarzer Maske, wie die Kynologen diesen Typ von Schnauze bezeichnen. Winston Churchill wurde von den Karikaturisten als ein Bulldog mit der Zigarre gezeichnet. Die qualmt jetzt Yogis Herrchen. Jeans trägt er, dazu ein blaues Sakko mit Glencheckmuster. Eng auf Taille geschnitten, das rosa Hemd feinkariert. Der Stoppelbart schimmert silbrig, der Blick sticht. Noch kenne ich Sládeks Geheimnis nicht.

»Sie sind also der Glückspilz! Der Erbe dieses wunderbaren Traditionsanwesens – war das alter Besitz ihrer Familie?« – »Leider nein«, korrigiert Herr Sládek meine Fehleinschätzung. »Ich habe dieses Haus bei einer Versteigerung erstanden.« – »Und der Preis? Entschuldigung, dass ich so neugierig bin, was haben Sie für diese berühmte Lokalität gezahlt?« – »2,5 Millionen Dollar, es war günstig zu haben, wegen des desolaten Zustands.« Ein Schnäppchen! Dennoch, 2,5 Millionen für einen Universitätsprofessor ist ein schöner Batzen Geld. »Verdient man so gut an der Uni in Montreal, Herr Sládek?«

»Das war nur der Start …«, lacht Herr Sládek in seinen Stoppelbart. Ich merke, der Klappentext seines Buches ist längst überholt. Mein bisheriges Bild von einem philanthropisch veranlagten Akademiker gerät ins Wanken. Das stachelt meinen Ehrgeiz an, möglichst viele Details aus diesem freundlichen Mann herauszukitzeln. Yogi macht sich derweil selbstständig und geht auf Schnuppertour. Mal bringt ihn die Empfangsdame von der Rezeption, mal der Mâitre des Gourmetrestaurants wieder zurück. Es ist wie zu Kaisers

Bulldog Yogi ist zu beneiden, sein Herrchen ist ein echter Millionär.

Zeiten. Herr Sládek ist rundum mit Dienern umgeben, in diesem Haus genießt er den Status einer Majestät. Nicht nur die Fassaden Prags sind renoviert, auch die Sitten putzen sich heraus, nach alten Mustern. »Aus welchem Viertel stammen Sie ursprünglich«, fange ich das Gespräch an. »Aus *Libeň*«, murmelt Sládek und bestellt für sich einen Gin Tonic. Es ist mittags halb eins.

Der Prager Stadtteil *Libeň* an der nördlichen Flussbiegung der Moldau ist kein Ort, an dem man Böses vermutet. Dennoch hat hier ein dunkler Teil der Geschichte seinen Anfang genommen: das Attentat auf Reinhard Heydrich. Der Reichsprotektor und Hitlers Protégé fand die Gegend mit dem erhöhten Panorama und dem Fernblick bis zum Hradschin anheimelnd genug, um sich hier in einer der Villen niederzulassen, die früher einem jüdischen Essigfabrikanten gehörte. Außerdem hatte er die Ausfallstraße nach Berlin direkt vor der Tür. Die wurde ihm zum Verhängnis. In einer langgezogenen S-Kurve, wo sein offenes Mercedes-Cabrio abbremsen musste, trafen ihn 1942 zwei tschechische Fallschirmspringer mit einer Handgranate. Vier Tage nach der Explosion starb Heydrich im Krankenhaus an einer Milzvergiftung. Dieser Anschlag, sinnlos in den Augen der Historiker heute, war der Auslöser für brutale Vergeltungsmaßnahmen, die etwa 100 000 Opfer forderten.

Soviel über die Bedeutung *Libeňs* in der Geschichte. Sonst steht dieser Vorort exemplarisch für den Erfolg des Prager Mittelstands. Seit dem 19. Jahrhundert strebte man hier fleißig mit Handwerk und Gewerbe nach Wohlstand. Die lokalen Gerbereien, Schuh- und Textilmanufakturen, Essig-, Papier- und Kartonfabriken erreichten wirtschaftlich gesehen monarchieweite Bedeutung. Die großzügigen Villen im Grünen bezeugen heute noch den Aufschwung. Die Hänge von *Libeň* liegen zudem günstig für das Gedeihen von Wein und vielen Obstsorten.

»Das erste Geld – wie haben Sie's verdient, Herr Sládek?« – »Mit 15!«, trumpft Sládek auf. »Ich habe Korken aus leeren Weinflaschen gesammelt und verkauft. Aus denen hat man damals die klobigen Absätze für die Damenschuhe gepresst. Sie kamen nach dem Krieg gerade in Mode.« – »Und wann emigrierten Sie?« – »1950, die Kommunisten waren schon zwei Jahre an der Macht. Da wusste ich, es gibt hier für mich keine Chance.«

Die Flucht geriet zu einem wagemutigen Abenteuer. Die Westgrenzen waren bereits durch den Eisernen Vorhang dicht. An der Grenze zu Ostdeutschland schleusten Fluchthelfer, gegen ein Kopfgeld von 10 000 Kronen, zahlungswillige Tschechen durch die Ostzone nach Westberlin. »Dort gab es schon damals Bananen«, bemerkt Sládek. »Der Obstkarren stand direkt vor der S-Bahnstation. Daran erkannten wir zuversichtlich, dass wir im Westen sind.«

Er, sein Bruder und die Mitschülerin Hana Koželuhová, die Herr Sládek kurzentschlossen heiratete und mitnahm, hatten es zwar geschafft, aber es gab ein weiteres Problem: »Nur noch drei Länder waren bereit, Flüchtlinge aufzunehmen. Aus Australien schickte mir ein Freund eine Ansichtskarte: ›Wenn die Erde einen Arsch hat, dann ist er hier‹.«

Amerika verhängte zwei Jahre Wartezeit. Kanada machte für die Einwanderung einen Bürgen zur Bedingung, der einen Asylanten anfangs versorgte. Für die Gebrüder Sládek mitsamt der frischgebackenen Ehefrau setzte sich ein einflussreicher Emigrant ein, der tschechische Graf Jerolím Colloredo-Mannsfeld. Der zweitgrößte Waldbesitzer Böhmens war selbst als Flüchtling in Montreal gelandet. Mit ziemlich viel Geld. Woher diese Verbindungen? »Das Talent, die richtigen Leute am richtigen Ort zu finden, besitze ich auch«, grinst Sládek, während er an seiner Havanna nuckelt. »Wie macht man als Philosoph Millionen, Herr Sládek?« drängt es mich zur Schlüsselfrage. »Durch Cargill«, brummelt er zurück, als ginge es um einen Code, den Insidern hinlänglich bekannt. »Ist mir ein Begriff«, werfe ich ein. In dem Moment merke ich, dass ich bei Sládek gepunktet habe. Ich habe mir eine Einladung zum Mittagstisch verdient.

Zufällig wusste ich Bescheid. Für eine Reportage, die ich über erneuerbare Energien geschrieben hatte, war ich auf diesen Konzern gestoßen und hatte über die Hintergründe recherchiert. Cargill ist eine der mächtigsten »Heuschrecken« in der Agrarwelt. Ein Riese, wie seinerzeit die United Fruit Company, die den Begriff der Bananenrepubliken (Chiquita) in Mittelamerika entstehen ließ. Die Methoden waren brutal. Ähnliches sagt man auch dem Giganten Cargill nach.

»Der Konzern verfügt unter anderem über ein weltweites Netz von Rapsmühlen. Damit haben sie das Monopol auf Rapsöl, den Rohstoff für Biodiesel«, bemerke ich beiläufig, bin mir aber der Wirkung dieser Anmerkung voll bewusst. Die Fußnoten sind die wichtigsten Angaben. An diesen flüchtig eingestreuten Fakten erkennt man, ob der Gesprächspartner wirklich eine Ahnung von der Materie hat. Es ist, als ob man den Schlüssel zu der geheimnisvollen siebten Kammer hätte.

»Sie wissen über Cargill Bescheid?« staunt Sládek. »Dann sind Sie in Prag der Erste, mit dem ich über diesen Konzern reden kann. »Man muss sich das nur vorstellen: Gegründet von William MacMillian 1865 im US-Bundesstaat Minnesota, hält die Familie das Unternehmen bis heute immer noch in ihren Händen. Das ist wirklich einmalig«, führt Sládek aus. »Im Gegensatz zu den anderen, wie Vanderbilt, Carnegie, Rockefeller, Charles Morgan, alles Gründer wie MacMillian«, ergänze ich, »da ist nur der Name geblieben.« – »Sie haben Recht«, stimmt mir Sládek zu. »Im Jahr 2006 betrug der Konzernumsatz von Cargill über 65 Milliarden Euro, bei 100 000 Beschäftigten in 130 Ländern.«

Und dann erzählt der alte Mann, wie es damals war, als seine Karriere bei diesem Unternehmen begann: »In den 60ern trafen die Sowjetunion katastrophale Missernten. Cargill schwamm im Getreide. Es fehlte nur der richtige Mann, der das Geschäft mit den Russen einfädeln würde. Denn trotz drohender Hungersnot, die Funktionäre waren gegenüber Amerikanern sehr misstrauisch. Es herrschte der Kalte Krieg. Jeder falsche Schritt konnte als Landesverrat ausgelegt werden. Davor hatten die Russen große Angst. Sie wussten, dass die KGB die gesamte sowjetische Handelsorganisation rund um die Uhr bespitzelte.«

Diese permanente Überwachung lähmte, verbog die Menschen in Russland zu misstrauischen Schattenwesen. Die Amerikaner kannten die Praktiken des sowjetischen Geheimdienstes auch. Deshalb suchten sie nach Verbindungsleuten, die harmlos wirkten. Dafür waren Professoren geradezu prädestiniert. So kamen die Cargill-Bosse, durch Empfehlung eines Headhunters, auf Sládek. Einen Tschechen, Doktor der Philosophie, der russischen Sprache ordentlich mächtig und, genauso wichtig, mit der Mentalität der Russen vertraut.

Für Sládek schlug eine Glücksstunde, die sein Leben veränderte. Jahrelang fügte er sich in seine Rolle des unscheinbaren Vermittlers. Doch bekanntlich wächst der Appetit mit dem Essen. Und da lagen Riesenhappen auf dem Tablett. Die Trümpfe, um mitzumischen, die hatte Sládek in der Hand: Kontakte.

»Was nehmen Sie?«, unterbricht Sládek seine Geschichte. »Wollen wir die Ente probieren?« – »Gewiss«, nicht mal in Peking wird mehr Ente gegessen als in Prag. Wozu überhaupt noch die Speisekarte studieren. »Also, wie ging es weiter mit den Millionen?«, fordere ich Sládek neugierig auf. Sládek lehnt sich zurück und gräbt in seinen Erinnerungen. »Ach wissen Sie, für Geschäfte hatte ich schon als 17-Jähriger eine gute Nase. Da war ich noch in Prag, kurz nach dem Krieg. Da sah ich auf der Straße einen Mann mit einem Koffer. Frech wie ich war, fragte ich ihn: ›Was haben Sie denn drin?‹ – ›Geld, slowakisches Geld, es ist nichts mehr wert. Es kommt die Währungsreform, es gibt einen neuen gemeinsamen Staat‹, antwortete der Mann. Ich bot ihm sofort 200 tschechische Kronen an. Er machte den Koffer auf, der war tatsächlich voller Scheine. Wir machten das Geschäft. Nachgezählt habe ich erst später.«

Mit dem verfallsbedrohten Geld fuhr Sládek unverzüglich in die Slowakei. Keiner kontrollierte ihn. Er hatte Glück. Für den Koffer voller Geld gelang es ihm, bei einem Schmuggler Zigaretten zu kaufen. In Prag machte er damit auf dem Schwarzmarkt ein kleines Vermögen. Die 200 Kronen, die er in das riskante Geschäft investiert hatte, brachten den 20-fachen Gewinn. Mindestens. Und schon in der neuen tschechoslowakischen Währung, was den Wert nochmals festigte. Das wurde das Kapital für die spätere Flucht aus der Republik.

Beim Ausstieg von Cargill machte Sládek wieder einen guten Schnitt. Mit 48 ließ er sich vorzeitig, mit einer fetten Millionenabfindung, in den Ruhestand versetzen. Es lag wohl an seiner Lust auf Abenteuer. Und er muss auch ein Spieler gewesen sein, mit Nerven, nicht nur für eine Mariasch-Runde. Mit seiner Million konnte der Ex-Philosoph endlich selbst bei den Termingeschäften mitpokern. Bis vor Kurzem hatte er noch im internationalen Getreidehandel seine Finger drin. Nicht nur bei den Russen, sondern irgendwann auch bei den Lieferungen nach Afghanistan, Irak und dem Rest von Nahost. Und das auch trotz US-Embargo, denn Sládek fand – als die USA wegen ihres Embargos als Lieferanten ausfielen – schnell Ersatz in Argentinien. Beziehungen hatte er überall. Von Brasilien über Kuba (Zucker) und Indonesien (Reis) bis nach Pakistan (gehört zu den zehn größten Weizenproduzenten der Erde). Diese persönlichen Netzwerke geschickt zu knüpfen, das war sein Hauptkapital.

Seinen Wohnsitz hatte er in England und in der Schweiz. An der Themse operierte er jahrelang an der »Baltic Exchange«, der Londoner Börse. Am Genfer See fühlte er sich heimisch. Genf ist ein alter Sammelpunkt der Tschechen aus der Generation Masaryk. Die Millionen mehrten sich wie von selbst. Überhaupt lief in Sládeks Leben alles wie am Schnürchen. Und es sollte noch besser werden. Nach der Samtenen Revolution reiste Sládek, wie etliche Emigranten auch, wieder in die alte Heimat. Mal sehen, welche Geschäfte man hier machen könnte. Einer wie Sládek hat es im Blut, er kann nicht anders: »Ich gehöre aber zu denen, die Geld ins Land brachten«, vergisst er nicht zu betonen, sichtlich von Stolz erfüllt.

Die Fortune blieb ihm hold. In der alten Erzminenstadt Příbram, wo sein einstiger Gewährsmann für das kanadische Exil, Graf Colloredo-Mannsfeld, über riesigen Wald- und Forstbesitz, Wild- und Fischereibetriebe verfügte, erwarb Sládek 1990 die desolate Batteriefabrik Akuma. Summa summarum, samt Sanierung, steckte er 3,5 Millionen Dollar in das Unternehmen. Für 11 Millionen verkaufte er alles wieder. Es kam wieder der richtige Augenblick für den Deal. Der Volkswagen-Konzern brauchte einen zuverlässigen Hersteller von Autobatterien für den Markenzuwachs Škoda. Ergo übernahmen die Wolfsburger die Akkuproduktion in Tschechien komplett selbst. Die nächste Chance ergab sich gleich um die Ecke: Sládek schnappte sich wieder einen verlotterten Betrieb in Příbram. Eine Bleihütte. Schließlich hatte auch Cargill, Sládeks Lehrinstitut für seine Meisterkarriere, ein zweites Standbein in der Stahlindustrie.

Blei ist inzwischen teuerer als Gold. Nicht nur Volkswagen hat einen unersättlichen Bedarf an diesem Schwermetall. Auch die Koreaner wollen demnächst in Tschechien knapp eine Million Autos produzieren. Der Konzern Hyundai hat sich das Land der böhmischen Ritter und Sagen als Rüstungsstandort für den Generalangriff auf Toyota in Europa auserkoren. Für eine Million Batterien benötigt man viel Blei. Sládeks Werke sehen einer blühenden Zukunft entgegen. Der Doktor der Philosophie ist als aktiver Vorstandsvorsitzender immer noch am Ruder. Einer wie er geht mit 80 längst noch nicht in den Ruhestand.

»Sie sollten sich den Betrieb anschauen, picobello, sauber wie ein Laboratorium«, preist er seine Firma an. Was soll man dazu noch sagen? – »Sie haben verdammt viel Glück im Leben gehabt ...«

Sládeks Handy röhrt wie die Fanfaren von einem Ferrari. »Gute Nachrichten nehme ich immer an«, begrüßt er den Anrufer. Noch ein Weilchen und dann prustet er los: »Was, du hast meine Zähne gefunden? Ohne Quatsch?« (Auch so eine häufige tschechische Redewendung). Außer sich vor Freude sprudelt er: »Was, du willst mir meine Zähne per Post zuschicken? Nein, auf gar keinen Fall! Ich traue der Post nicht! Ich hole sie lieber selber ab.«

»Ja, ich habe Glück«, pflichtet er mir bei, »es gelingt mir nicht mal, meine Zähne zu verschustern.« Über diese Bemerkung amüsiert er sich selbst am meisten.

Der Kellner serviert inzwischen die Ente auf Blaukraut. An der Vorspeise, gegrillte Wildstreifen auf Gemüsebett, labte sich auch Bulldog Yogi. Die Pilzsuppe, die war nicht nach seinem Geschmack. Zu sauer. Auch Sládek ließ sie stehen. Mir fehlt nur noch ein Puzzlestück in Sládeks Erfolgsgeschichte. Deshalb frage ich: »Wie schafften Sie es, so schnell derart hochkarätige Kontakte in Tschechien zu knüpfen?« – »No, angefangen hat es mit Herrn Kořán. Mit ihm habe ich Mariasch gespielt ...« Mit einem »No« den Satz zu beginnen, ist dem Tschechen so selbstverständlich wie dem Engländer sein »well«. – »Mit Herrn Kořán? Dem Jaroslav?«, staune ich: »Sie meinen doch den ersten amtierenden Primator nach dem November 1989?«

Sládek nickt. Als Primator bezeichnet man in Prag den Oberbürgermeister. In Havels neu gegründetem Poetenstaat nach der Wende 1989 landete ein bunter Haufen von schillernden Paradiesvögeln wie Kořán flugs in hohen Ämtern. Bärtig, langhaarig, in schmuddeligen Jeans und ausgebeulten Pullis. Es waren die Beatniks der Prager Woodstock-Generation, die Angehörigen der Kulturszene, die Fahnenträger der Samtenen Revolution. Jaroslav Kořán, Jahrgang 1940, Absolvent der Filmakademie FAMU, in den 1960er-Jahren fest angestellter Drehbuchautor bei den Filmateliers Barrandov, gehörte auch dazu.

Es waren verrückte Zeiten. Havel hat als »Dichterpräsident« die Welt erobert. »Jeder, der etwas auf sich hielt, musste nach Prag«, schreibt sein Biograph John Keane. Im Frühjahr 1990 ließ Jane Fondas Besuch die Burg wie einen Drehort wirken. Im Sommer schaute Frank Zappa vorbei. Das Fest zum Abzug der Sowjettruppen feierte man mit einem Rockfestival. Danach kündigten die Rolling Stones ihren Besuch an. Sie wurden mit dem trinkfesten Pop-Präsidenten Havel dicke Freunde. In diese Stimmung passte auch ein tschecho-kanadischer Exilant, der mit den Taschen voller Geld die Moldau als den neuen Klondike River für sich entdeckte. Primator Kořán spielte mit dem schillernden Großkapitalisten Karten – Mariage – wie in einem Westernfilm. Und reichte Sládek an seine Bekannten und Freunde weiter. Bis hinauf zu Havel.

Und es wurde immer verrückter. Als Kořán seinen Stuhl als Primator wegen Unregelmäßigkeiten räumen musste, heuerte er beim tschechischen *Playboy* an – als Chefredakteur. Die österreichische Linie des Adelsstammes Colloredo-Mannsfeld erhielt 1998 ihren Wald-, Wiesen- und Teichbesitz vollständig zurück. Jetzt sind sie noch größer als ihre einstigen

Rivalen, die Schwarzenbergs. Auch der studierte Bürgersohn Sládek mehrte sein Imperium. Er kaufte in der Neruda-Gasse das Anwesen *U červeného lva* (Zum roten Löwen). Den Tipp bekam er in der indonesischen Hauptstadt Jakarta. Ein Chinese erzählte ihm dort, dass er Kristalllüster nach Prag lieferte, für eine Unternehmergruppe, denen offenbar die Pleite drohte. Es wären etliche Rechnungen schon offen.

»Ich flog sofort nach Prag, sah und kaufte«, berichtet mir Sládek, während er von seinem Teller für Yogi ein Stück fette Ente unter den Tisch schiebt. Ich notiere, wie sich sein Portfolio fortlaufend erweiterte. Aus der Konkursmasse krallte er sich das nächste Schnäppchen: Das Haus *Zlatá hvězda* (Zum goldenen Stern) am Scheitelpunkt der steilen Neruda-Gasse. Von dort aus bietet sich ein berückender Blick über die Kleinseitener Dächer. Als letztes Filetstück an der Kleinseite erwarb Sládek noch die Doppelimmobilie *Biskupský dům* (Bischofshaus), direkt bei der Karlsbrücke, römisch I. und II., vormals Eigentum der Kirche. Auch diese Institution wurde vom Staat großzügig restituiert, musste sich allerdings umgehend durch Verkauf erst einmal selbst sanieren. Das Karussell des Immobilienhandels drehte sich bis vor Kurzem in Prag mit schwindelerregender Geschwindigkeit und die Preise stiegen genauso schnell.

Sládeks Kollektion ist vorerst vollständig: Vom 14. bis ins 19. Jahrhundert, Decken der Gotik und Renaissance, Fassaden von Barock bis zum Wiener Klassizismus, antike Möbel und modernes Design, stilvolle Gourmetrestaurants und noble Lobbys. Mit der Anzahl aller Gemächer zusammen könnte auch die Königin von England zufrieden sein – rund 120 Gästezimmer. Mehr kann sich ein ehemaliges Straßenkind aus *Libeň* nicht wünschen. Doktor Sládek gibt mir Recht, wenn ich behaupte: »Nicht New York, Prag ist die Metropole der unbegrenzten Möglichkeiten, vorausgesetzt, man bringt das nötige Kleingeld mit.«

Prost! Darauf trinken wir. Urquell vom Fass. »Und Havel? Haben Sie noch Kontakt zu ihm?«, hake ich nach. »Oh ja! Zu Klaus auch. Neulich legte ich zusammen mit ihm und seiner Frau Livia einen Kranz auf Masaryks Familiengrab in Lány. Ich habe Masaryks Tochter Olga gut gekannt. Sie war meine Nachbarin in Genf«, erwidert Sládek.

Also auch die Garde der tschechischen Staatschefs ist in der Sládek-Sammlung komplett. Die nächste Episode, die er erzählt, handelt dann von Havel. Im Januar 2003 nach dem Ende seiner zweiten Amtszeit als Präsident bot sich die Gelegenheit, endlich mit seiner Gattin Dáša (sprich Dascha) ganz privat Urlaub zu machen. Das Paar flog nach Barbados, eingeladen in Sládeks Strandresidenz unter Palmen, unweit des feinen Hotels Sandy Lane. Nur Sonne, Sterne und Mond waren Zeugen dieser glücklichen Ferien im weißen Sand. Hausherr Sládek überließ dem Altpräsidenten und seiner jungen, zweiten Ehefrau die Schlüssel und machte sich selbst aus dem Staub, »damit die beiden ganz ungestört sein konnten«.

Dáša, Kosename von Dagmar, hat sich revanchiert. Bei der komplizierten Renovierung des Altkleinseitener Anwesens »Zu den drei Störchen« gab sie Sládek ein paar wertvolle Tipps für den überaus komplizierten Umgang mit den Denkmalschützern. Sie sitzen am Waldsteiner Platz Nr. 3, im »Lederburger Palais«, gleich gegenüber. Sládeks Baustelle beobachteten sie mit besonderem Argwohn. Vielleicht trauten sie dem Prager Neubürger nicht ganz und vermuteten, dass er die Holzbalken aus dem 18. Jahrhundert durch moderne Strahlträger ersetzte. Die Restaurierung ist nämlich teuerer. Aber nein doch. Sládek wollte mit dem Purismus, dem Einzug von avantgardistischem Design zeigen, dass er im Kopf jung und flexibel geblieben ist. Selbst wenn er jetzt zweifelt: »Vielleicht ist dieser Minimalismus in einem Haus des Jahres 1820 doch zu gewagt. Was denken Sie?« – »Das

Wichtigste haben Sie erhalten«, meine ich und zeige auf die Ritterrüstung in der Ecke. »Ich bin sicher, in seiner Brust sitzt die Seele dieses Hauses.«

Sládek grinst. Er hat verstanden. Wir sind inzwischen beim Dessert. Palatschinken. Mit Schokolade und Walnussraspeln. Bulldog Yogi knurrt. »Das ist nichts für dich«, belehrt ihn sein Herrchen.

Vor der *Waldštejnská hospoda* mache ich noch ein Foto von Sládek. Im Gegensatz zu dem Bild, das ich vor zwei Tagen heimlich unter den Arkaden schoss, trägt er jetzt eine Plastiktüte in der Hand. Yogi lässt sie nicht aus den Augen. Er riecht und weiß es: Da ist eine halbe Ente drin. Ich schaue hoch zu dem Hauswappen mit den drei Störchen. Jetzt kenne ich auch den tieferen Sinn, der dahintersteckt. Es hängt mit einer lateinischen Weisheit zusammen. Philosoph und Millionär Sládek hat es für den Hotelprospekt ausgegraben und drucken lassen: »Frustra mundus invidet, quando Deus providet« – Der Volksmund übersetzt mit: »Beneide nicht, wen Gott beschenkt.«

7
Der rote Stern und der goldene Gockel

Prag hat viele Gesichter. Der Blickwinkel bestimmt, ob man sich wie in Rom, Moskau, Dresden oder sogar wie in Kairo vorkommt.

WÄRE ICH ALS KIND JENER GUTEN FEE BEGEGNET, die einem alle Wünsche erfüllt, hätte ich ohne zu zögern gesagt: »Mach' es bitte möglich, dass wir am Wenzelsplatz wohnen.« Diesen Ort hielt ich damals für den Nabel der Welt, den Inbegriff einer Großstadt. In einer Dachwohnung dort, mit Terrasse und gläsernem Wintergarten zu leben, davon träumte ich. Besonders gut gefiel mir der Komplex *Lucerna*. Ein Labyrinth von Passagen, verschachtelt und verwinkelt, mit unzähligen Eingängen, Treppenhäusern und Aufzügen.

Doch die Fee kam nicht. So lebte ich mit meinen Eltern in einer Zwei-Zimmer-Wohnung in Prags 6. Bezirk, aus der wir eine Drei-Zimmer-Wohnung gemacht hatten, indem wir die Küche in die Diele verlegten. In den 20er-Jahren baute man noch geräumig genug, um solche Umstellungen bewerkstelligen zu können. Eigentlich war ich schon sehr dankbar, dass wir nicht in einem jener Plattenbauten in den Trabantenstädten rund um Prag darben mussten. Sie boten zwar gewissen Komfort, warmes Wasser und Zentralheizung, sogar Aufzüge, aber mir graute vor diesen Kasernen des kollektiven Zwangsdaseins. Wie eine Art Gefängnis kamen mir diese Siedlungen vor, deprimierende Ghettos des Sozialismus. Ja, ich war ein aufmüpfiges Kind und spielte Klavier.

Der 6. Bezirk liegt nördlich des Hradschins und heißt *Dejvice*. Das bedeutet soviel wie »gib mehr«. Die seltsame Bezeichnung geht auf die historische Wertsteigerung von Grund und Boden zurück. Vom 11. bis ins 19. Jahrhundert hatte sich die Kirche mit dem königlichen Kämmerer die ganze Gegend geteilt. Mit Wein kultiviert, trieb man mit den Parzellen regen Handel. Je nach Ernte und Ertrag wurden die Weinberge häufig verkauft und dabei immer teurer und teurer.

Zur urbanen Erschließung kam es erst nach dem Ersten Weltkrieg. In diesem Stadtteil gibt es den für Prag typischen verschnörkelten Jugendstil nicht mehr. Die Architekten konnten sich bei der Straßenplanung frei entfalten. Hier konnten sie ihre gewagten Ideen einer Zukunftsstadt verwirklichen. Und sie planten großzügig. Mit gradlinigem Schwung und ohne mit Flächen sparen zu müssen. 1923 legte man neben einem riesigen, zentralen Rundplatz den Grundstein für den weitläufigen Komplex der Technischen Hochschule. Was danach an Wohnsubstanz gebaut wurde, war für die Zeit revolutionär modern. Für den akademischen Lehrkörper entstanden noble Villenkolonien auf Hügelplateaus mit Fernblick zum Hradschin auf der einen und ins Moldau-Tal auf der anderen Seite. Die Avantgarde setzte mit ihren minimalistischen, quadratisch-praktischen Würfelbauten und Stahlbetonkonstruktionen neue Meilensteine in der funktionellen Architektur. Was Adolf Loos 1930 unter »Raumplan« verstand, ist heute in der *Müller-Villa* zu besichtigen. Und es müssen noch mehr Deutsche hier gewohnt haben – zum Beispiel Hans und Paul. Denn der nächste Hügel mit modernen Villen heißt Hanspaulka, ein Luxusviertel, das Prager »Bel Air«.

Auch sonst gerieten etliche Objekte so markant, dass man keine Hausnummer braucht, um sie zu finden. Jeder Einwohner in *Dejvice* weiß, wo diese baulichen Orientierungs-

Prager Kopfstand: Verkehrt rum wurde der heilige Wenzel in der Lucerna-Passage gesattelt.

marken der Moderne stehen. Das weiß gekachelte »Glashaus« (Skleňák) zum Beispiel, erbaut 1937, wird heute als sogenannte »Postmoderne« überall kopiert. Solche lichtdurchfluteten Häuser, mit Fassaden wie Bücherregale, entstehen zur Zeit in Berlin, München, Barcelona oder Milano in Serie. In der Mitte dieses futuristischen, urbanen Konglomerats ist ein runder Platz – der Siegreiche, heißt er. Hier pflegte man traditionell den Frühling mit einem Jahrmarkt zu begrüßen: Karussell, Schaukelschiffchen, Ringelspiel, Stände mit Zuckerwatte. Über einer Kulissenwand prangte in riesigen Lettern »Lochneska«, das war die Geisterbahn. Aus den Lautsprechern klang fröhlich »Istanbul, Konstantinopolis, Istanbul ...« Das Lied säte ungeheure Sehnsucht ins Gemüt, begann Fernweh zu wecken – bis man 1963 diese Attraktion verbot. Danach flogen sogar die Krähen und die Raben von diesem nunmehr »besiegten« Platz davon.

Seitdem blickt man über eine lange, breite Straße ungestört auf ein massives Baumonument. Mit diesem Ziel vor Augen wähnt man sich Moskau ziemlich nahe. Noch dazu dem Moskau der Stalinzeit. Es ist ein Hotel namens »International«, das diese Illusion hervorruft. Von 1952 bis 1956 nach dem Vorbild der Moskauer Lomonosov-Universität hochgezogen, apostrophieren heute die Architekturhistoriker diesen Stil als die »Tyrannei der Schönheit«.

Die protzige Monumentalität und übertriebene Weiträumigkeit fernab der Realität sollten als Utopia einer idealen Gesellschaft dienen. Dieses Bild der glücklich-perfekten Zukunft entstand auf dem Reißbrett. Den Zeichenstift führte Stalin persönlich, als er in Moskau acht Hochhäuser mit Spitznamen »Stalin-Kathedralen«, plante. Der Sowjetdiktator wollte mit diesen wolkenkratzenden Tempelhochhäusern ein Gegenstück zu New Yorks Skyline erschaffen. Noch gigantischer, noch imposanter. Von den geplanten acht wurden in Moskau sieben fertiggestellt. Eines wurde die Lomonosov-Universität, zwei andere wurden als Großhotels in Betrieb genommen, in zwei weitere zogen Ministerien ein, das Auswärtige Amt, und der Rest wurde für Administration und als Wohnkomplexe für Funktionäre ausgewiesen.

Einen Stil exakt zu kopieren, verrät den wahren Meister, dachte man in Prag. Den Nachbau dieser »Stalin-Kathedrale« – maßstabsgetreu verkleinert – initiierte Armeegeneral Alexej Čepička (sprich Tschepitschka) – bedeutet Mützchen. Das Lachen über seinen Namen blieb einem im Hals stecken. Man zeigte nach außen keine Regung. Denn dieser kleine, untersetzte Mann war als Verteidigungsminister in der ersten Hälfte der 1950er-Jahre einer der drei mächtigsten Genossen im Staat. Seinen rasanten Aufstieg vom kleinen Regionalfunktionär zur zentralen Parteispitze verdankte er einer Frau. Er heiratete die Tochter des ersten kommunistischen Präsidenten Klement Gottwald. Als Schwiegersohn wurde er auch politisch zu dessen ergebenstem und wichtigstem Paladin.

Die Prager »Stalin-Kathedrale« offenbart sich als ein stufenförmig in die Höhe wachsender, tempelartiger Bau. In der Mitte der Hauptturm mit 14 Stockwerken. Das Dach krönt eine Triumphvase in Lilienform, aus deren Mitte sich eine lange, schlanke Knospe aus Bronze erhebt. An der Spitze erblüht sie mit einem roten Stern. Seitlich an den Hauptturm schließt sich jeweils ein Flügel mit sechs Stockwerken an. Die Stufen zum Eingang, die Statuen mit Weib und Weizen über dem Portal, Erntemotive mit Jungbäuerinnen, die ihre geflochtenen Zöpfe wie einen Heiligenschein tragen, lassen das Hochhaus wie einen Tempel erscheinen.

Mich zieht dieser »Königsturm« seit dem Moment, als ich ihn zum ersten Mal sah, magisch an. Wir wohnten nur wenige Blöcke davon entfernt, was für ein Zufall. Der Eingang war beflaggt. Die Fahnen von westlichen Staaten fehlten. Immerhin ähnelte die kubanische etwas der amerikanischen.

Vor dem Eingang parkten schwarze Limousinen. Tatra und Volga in Zweierreihe. Bei den Tschajkas, dem amerikanischen Cadillac täuschend ähnlich, steckten auf den Kotflügeln rote Standarten. Die Fahrer waren Soldaten, die zackig die Hintertüren für ihre Vorgesetzten öffneten. Aus dem Fond wuchteten sich olivgrüne Hosen mit roten Seitenstreifen: Offiziere aus dem Kreml. Hochdekoriert die Brust, das Gesicht durch tellerartige Schirmmützen beschattet. Schien die Sonne, leuchtete auf dem Kopfputz der goldene Lorbeerrand wie eine Heiligengloria.

Der Kult der sowjetischen Marschalle fand in Prag sein Abbild vor dem Hotel International. Vorrangig zu diesem Zweck wurde es von General »Mützchen« erbaut. Er war es, der die tschechoslowakische Armee komplett der sowjetischen Aufsicht unterstellte. Die Ausbilder, Berater, Militärexperten und Strategen waren allesamt ranghohe Offiziere der Roten Armee. Der Luxus, der ihnen in diesem Hotel zuteilwurde, entsprach ihren uneingeschränkten Privilegien und Vollmachten. Mit dem Prunkauftritt der roten Generalität sollten Stärke und Überlegenheit zum Ausdruck gebracht werden. Der Anblick dieser uniformierten Machtdemonstration nährte die Befürchtung, die Vorbereitungen auf den Dritten Weltkrieg seien in vollem Gange. 1962 gipfelten sie in der Kubakrise.

Eine dauerhaft bedrückte Stimmung war die Folge. Meinen Eltern steckte noch die deutsche Besatzungszeit in den Knochen. Doch jetzt unterschied sich das Auftreten der sowjetischen Befehlshaber kaum von dem früheren Agieren der Wehrmacht und der Waffen-SS in Prag. Nur die Farbe der Uniformen hatte sich geändert. Es herrschte die gleiche Angst wie damals. Vor dem Hotel International befand sich die Endstation der Tram. Von hier fuhren Busse in Prags nahe Umgebung. An den Haltestellen traute man sich kaum in Richtung des Generalquartiers zu blicken. Man wusste, dass man beobachtet wurde. Der gesamte 6. Bezirk war von der Armeepräsenz durchwebt. Das Stadion, die Schwimmhalle, die Villen, die kompakten Wohnblöcke der 1930er-Jahre, es gehörte alles den Militärs. In *Dejvice* wohnten auch die Spitzensportler, die Fußballstars des jahrzehntelangen Tabellenführers »Dukla Praha« und die Olympioniken. Sie dienten alle als Berufsoffiziere, privilegiert. In diesem Stadtteil sah man auch die meisten Neuwagen in Prag.

Undenkbar, dass jemand, der nicht zu diesem Kreis gehörte, es gewagt hätte, das Hotel International zu betreten. Dennoch habe ich es einmal als »wilder Junge« versucht. Es hat ziemlich lange gedauert, bis ich den Mut dazu fand. Meine Eltern waren höchst beunruhigt, dass ich mich so oft in der Nähe der »roten Tulpe« (Spitzname von dem triumphalen Dachdekor abgeleitet) rumschlich. Mein Vater warnte mich nicht grundlos vor der Stasi. Die Öffentlichkeit wurde in dem permanenten Glauben gehalten, überall würde es von westlichen Agenten wimmeln, die versuchten, unsere Bürger zur Spionage zu verleiten. »Sei wachsam, der Feind lauert überall. Melde verdächtige Personen«, solche Zettel klebten an Haltestellen – und wiederum fühlten sich die Älteren an die Nazis erinnert. Und schwiegen betreten.

Vor dem Hotel International wachte nicht nur die Stasi, sondern auch der militärische Abschirmdienst. Der sowjetische Geheimdienst KGB übernahm die Oberaufsicht. Man wusste, dass es in einem Fahrkartenschalter einen Beobachtungsposten gab. Dieser Schalter fiel dadurch auf, dass er immer geschlossen war. Die Fensterscheiben waren mit dickem Packpapier abgedeckt und wiesen einige Risse auf. Das waren die Spähritzen für die Ferngläser und Kameras. Man sah bewusst weg, wenn zu bestimmten Stunden aus einer stählernen Seitentür Gestalten mit hochgeschlagenem Kragen davoneilten. Es war schon ziemlich komisch, weil auf dieser Tür eine Warnung in roten Buchstaben stand: »Starkstrom mit Lebensgefahr. Betreten strengstens verboten.« So verräterisch markierte man öfters die Horchposten der Geheimdienstler. Noch heute überkommt mich ein Schmunzeln, wenn ich den roten Blitz an einem Elektrokasten entdecke: Da ist bestimmt ein Agent drin, denke ich. Damals allerdings lachte man darüber nicht.

Erst der Prager Frühling 1968 schaffte es, das totalitäre System zu verunsichern. Die Dinge, die ins Rollen kamen, stürzten wie eine Lawine über den überforderten, und trotz totaler Überwachung darauf unvorbereiteten, Staatsapparat. Er geriet ins Wanken, die Mechanismen setzten kurzweilig in ihrer Funktion aus, wie bei einer Panne. Die unvermittelte Pressefreiheit schlug ein wie ein Blitz. Plötzlich durfte man sogar öffentlich davon sprechen, dass General »Mützchen« ein ganz gemeiner Verbrecher war. Man wusste es zwar längst, aber man hätte darüber niemals ein Sterbenswörtchen verloren.

Gottwalds Schwiegersohn war einer der Hauptarchitekten des kommunistischen Terrors. Als Justizminister der Jahre 1948-50 schuf der ehemalige Anwaltsreferendar die Grundlage für die politischen Säuberungen in allen Schichten. Mit dem neuen »Recht der sozialistischen Gesetzgebung« hob er die Unabhängigkeit der Richter auf. Nun mussten sie weisungsgebunden den Befehlen von oben gehorchen. Bei politischen Prozessen legten die Staatssicherheitsorgane und das ZK der Partei in ihren »Fünferausschüssen« (später nur noch »Dreierausschüsse«) das Strafmaß im Voraus fest. Nach dem Paragraphen 213/1948 sind zwischen 1950 und 1955 annähernd 100 000 Tschechen und Slowaken aufgrund fadenscheiniger Anschuldigen wegen angeblicher Staatsfeindlichkeit verurteilt worden. Dutzende von Schauprozessen endeten mit der Hinrichtung der Angeklagten. Es war offensichtlich, dass sich Gottwald mit Hilfe seines Schwiegersohns seiner ehemaligen Weggefährten entledigen wollte, um

Burgwache im Besucherblick: »Stimmt was nicht …?«

den eigenen Personenkult nach Stalins Vorbild zu treiben. Die sonst hohen Freiheitsstrafen mussten die Verurteilten größtenteils in Arbeitslagern, vorwiegend in Uranbergwerken verbüßen.

Nach Stalins Tod 1953 leitete drei Jahre später sein Nachfolger Nikita Chruschtschow die Welle der Entstalinisierung ein. Der neue, impulsive KP-Chef kehrte mit eisernem Besen. General »Mützchen« wurde nach Weisung aus dem Kreml ohne großes Aufsehen von seinem Posten als Verteidigungsminister entfernt. Bei der zeremoniellen Feier zur Eröffnung des Hotels International 1956 war er nicht mehr dabei. Irgendwann sickerte durch, dass er die Leitung des Amts für Erfindungen und Patente übernahm, was einer gewissen Komik nicht entbehrte. »Mützchen hat eine Seife erfunden, mit der man das Blut von den Händen spurlos abwaschen kann«, spöttelten einige Zecher zu fortgeschrittener Stunde am Stammtisch. Manche kamen danach nicht mehr nach Hause.

Rehabilitiert wurden die Opfer nie, obwohl »Mützchen« 1963 selbst für die kommunistische Partei nicht mehr tragbar wurde. Man schickte ihn mit einer fetten Rente in den Ruhestand nach Dobříš (sprich Dobrschiesch). In diesem Dorf stand ein zauberhaftes Rokoko-Schloss, umgewandelt zum Dichterasyl für staatlich geförderte Schriftsteller. Auch der chilenische Autor Pablo Neruda weilte hier. Der spätere Nobelpreisträger für Literatur und Präsidentschaftskandidat seines Landes konnte sich aber trotz ausgedehnter Spaziergänge im Schlosspark keine neuen Poesiezeilen abringen. In dem angrenzenden Gartenhaus erhielt Ex-General »Mützchen« eine Dienstwohnung auf Lebenszeit zugewiesen.

Solche spannenden Details erfuhr man während des Prager Frühlings. Auf einmal hieß es sogar, die Stasi sei von der Haltestelle vor dem Hotel International weg. Ich verstand das als eine Aufforderung zum Hotelbesuch. An einem Samstag stürmte ich zielstrebig die Stufen hinauf und blickte auf die Heldenskulpturen über dem Eingang. Mein Herz schlug heftig vor Aufregung. Ich ging in die Drehtüre, mir wurde fast schwindelig, ich sah gerade noch, wie sich dahinter ein zweiter Treppenaufgang auftat. Da sprangen schon zwei Männer im zivilen olivgrünen Anzug vor mich. Unwirsch herrschten sie mich an: »Was suchst Du hier?«

Ich schluckte trocken. In diesem Moment wurde mir sofort klar, der Prager Frühling hatte in das Hotel International noch keine frische Luft hineingeweht. Der Diktaturmief stank hier. Schemenhaft sah ich gewaltige Säulen. Wie in einer Tempelhalle stützten sie die reichlich dekorierte Decke, an der wuchtige Kronleuchter hingen. Die Kristallsteine glitzerten. Es fiel mir noch die Tapisserie auf. Arbeiter und Soldaten beim Schulterschluss. Helden mit Hammer, Sichel und Kalaschnikow. Den Hintergrund dieser sozialistischen Ikonenmalerei bildeten Folkloremotive. Die zwei Männer prüften derweil meinen Studentenausweis.

Ein paar Tage später zog mich ein unbekannter Mann an der Haltestelle der Tram vor dem Hotel International auf die Seite. Er zeigte mir seinen Ausweis mit drei Buchstaben: StB – man sprach es Es-té-bé aus, das Kürzel für die Staatssicherheit. »Kommen Sie mit, kein Problem, nur ein paar allgemeine Fragen«, versicherte er mir. Eigentlich war ich nicht überrascht. Zu oft hörte man von solchen Praktiken. Sie gehörten zum Alltag. Man war auf solche Aufforderungen schon innerlich vorbereitet und reagierte mit wortlosem Gehorsam. Ich trottete hinter dem Stasimann her, wie ein begossener Pudel. Die Dienststelle befand sich gleich um die Ecke. Ein architektonisch bemerkenswerter Bau aus den 1920er-Jahren, inzwischen stark rußgeschwärzt. Die Fassade mit runden Ecken war gerippt wie ein Bienenstock. Da ging ich rein, vor Angst halb gelähmt, ob ich auch wieder rauskäme.

Im Hochparterre eine Wohnung ohne Namensschild. Die Tür ging surrend auf. Der Klang hallte in meinem Schädel mit einem unheimlichen Echo nach. Als hätte ich einen schweren Gongschlag gehört. Ich registrierte einen leeren Gang. Kein Licht. Unverständliches Stimmenwirrwarr hinter den verschlossenen Türen. Das Zimmer, in das ich eingewiesen wurde, war kaum möbliert. Nur ein leer geräumter Schreibtisch und zwei Stühle. Platz nehmen. Warten. Jede Minute kam mir wie eine halbe Ewigkeit vor. Ich starrte auf die Gitter vor dem Fenster. Aus meiner Magengrube stieg eine gärende Mulmigkeit hoch. Endlich hörte ich den Parkettboden knarren. Ein Zivilbeamter trat herein. Er sprach mich mit sonorer Stimme väterlich an: »Wie stellst du dir dein Leben vor?«

Heute weiß ich, das ist eine tückische Fangfrage. Wer sich darin verstrickt, hat bald die Schlinge um den Hals. Man muss nicht gleich hängen, aber die Luft zum Atmen wird knapp. Ich dachte mir, dass ich mich durch den Vorstoß ins

Hotel International in diese Lage hineinmanövriert hatte. Wie sollte ich jetzt erklären, dass ich nicht für die westliche Spionage tätig war, dass ich wirklich nur die Halle sehen wollte?

Die Frage danach kam nicht. Plötzlich lag eine zerknüllte Zigarettenpackung auf dem Tisch. Peter Stuyvesant. Der freundliche Stasi-Onkel hatte sie aus einer Tüte geschüttet. Ich hatte damals gerade mit dem Rauchen angefangen. Als Musiker hatte man so seine Kontakte. Über einen Schwarzwechsler besorgte ich mir ein paar D-Mark zu einem horrenden Kurs, um dann im Devisenladen »Tuzex« die erste westliche Zigarette zu kaufen. Wie die weggeworfene Schutzhülle in Stasi-Hände geriet, konnte ich mir in diesem Moment nicht erklären. Vielleicht war es nur ein Bluff, vielleicht gehörte sie gar nicht mir. Aber ich fühlte mich ertappt. Zu behaupten, dass ich noch nie eine Stuyvesant geraucht hätte, ergab keinen Sinn.

Außerdem brüllte mich der anfangs so nette Stasimann jetzt an: »Versuch nicht zu lügen, Genosse! Wir wissen alles über dich!« Schweißbäche begannen von meiner Stirn über die Schläfen hinten in den Hemdkragen zu rinnen. Bald war mein Rücken nass. Ich brachte vor Beklemmung kein Wort heraus. Es hämmerte in meinen Kopf: Was geschieht weiter? Der Stasimann nestelte in seiner Jackentasche. Umständlich fingerte er eine Schachtel Lípa heraus. Es war die meistgerauchte Marke des tschechoslowakischen Sozialismus. Die Verpackung aus dünnem, gelblichem Karton musste man nicht aufreißen. Sie war förmlich mit Spucke verklebt. Beim leichtesten Druck gab sie nach, zerfiel von selbst. Die Zigaretten kullerten einem in die Hand. Nicht rund, sondern flach, wie ein platt gedrückter Strohhalm. Darin als Füllung locker zusammengepresste Tabakkrümel. Und Staub. Sobald man den ersten Zug nahm, musste man husten. Beim nächsten Zug hatte man Tabakflusen mit im Mund. Die letzten

Zigaretten waren immer schon fast leer, nur ein Stück dünnes Papier. Dafür hatte man die Taschen mit Tabak voll.

Der Stasimann, auf Tschechisch »Es-té-bák«, streckte mir so eine dünne Lípa hin. Als ich dankend ablehnte, polterte er los: »Unsere anständigen Zigaretten schmecken dem feinen Herrn wohl nicht!« Plötzlich war ich kein Genosse mehr, sondern ein Herr, das Schimpfwort für den Klassenfeind. Ich wurde in die Mangel genommen. Drei Stunden lang quetschte er mich über alles aus. Vater, Mutter, Bruder, Schwägerin, Schule, die Band, in der ich spielte, und natürlich zum Schluss, was ich wohl im Hotel International wollte. Ich merkte, die Stasi hatte mich schon seit geraumer Zeit im Visier. Und offenbar hatte mich auch der Wechsler verpfiffen. Die Branche der Schwarzhändler bestand aus lauter Stasis. Sie waren die Lockvögel, V-Männer. Sie durften verbotene Geschäfte treiben, solange sie dafür Informationen über die Mitbürger lieferten. Am Schluss hat man sie aber auch einkassiert, ihr Vermögen beschlagnahmt. Womit wollte die Stasi mich rankriegen? War es etwa für Genossen verboten, Westzigaretten zu rauchen?

Die Tuzexläden führten ein ziemlich gut sortiertes Warensortiment. Hier kauften hauptsächlich Diplomaten ein, aber auch Stars und solche, die zu den Paradiesvögeln des Systems zählten. Im Regal stapelten sich allerhand westliche Marken. Kent, Pall Mall, Lucky Strike, Marlboro, Rothmans, Benson & Hedges, LM sogar HB. Aber ich verfiel bei der Wahl ausgerechnet auf Peter Stuyvesant. Warum? Ich hätte es wissen müssen, dass ich von den »Stojwezantky« (so haben wir es ausgesprochen) lieber die Finger lassen sollte. Welcher Makel haftete ihnen an? Von zu hohem Nikotingehalt redete man damals noch nicht. Die Schädlichkeit lag in der Werbung: »Der Duft der großen weiten Welt«, lautete der beflügelte Slogan. Die Stasi interpretierte: Wer zu Stuyvesant greift, demonstriere damit seine Gesinnung –

»wie schön es bloß wäre, in die große Welt des Kapitalismus reisen zu dürfen«. Deshalb galt Stuyvesant-Rauchen als unverhüllte Provokation. Das wurde mir auch während des Verhörs bestätigt: »Mit solchen Elementen, die mit dem Westen sympathisieren, fackeln wir nicht lange. Denen drehen wir den Hals gleich um! Verstanden?« – Und mit dieser Androhung ließ man mich wieder gehen. Als wäre nichts passiert. Aber darin steckte die Absicht. Weil man sich keiner Schuld bewusst war, lebte man ständig in Angst: Irgendetwas werden die schon finden, wenn jemandem meine Nase nicht passt. Jemanden bei der Stasi zu denunzieren, war der einfachste Weg, sich zu rächen, den anderen einzuschüchtern, eine persönliche Feindschaft auszutragen.

Nein, so schnell wird sich in diesem Land kaum etwas ändern, war meine Überzeugung nach diesem Verhör. Mein Glaube daran, dass der Prager Frühling es schaffen würde, dieses System stürmisch wegzupusten, verflog. Das System wurde mit seinen Kontrollnetzen von zu vielen Leuten mitgetragen. Zwar hatte nur jeder Zwanzigste den Parteiausweis der Kommunisten, aber von 20 Mitbürgern waren fünf Mittäter, zehn Mitläufer und die restlichen fünf saßen schon mal im Gefängnis und waren somit eingeschüchtert. Das stetige Misstrauen zermürbte, mit dem man seinen Mitmenschen begegnete. Man unterwarf sich der allgemeinen Lethargie. Nur in einem halb eingeschläferten Zustand konnte man überleben. Ein offener Regimegegner sein? Vielleicht einer von Hunderten besaß die Courage, um gelegentlich lauthals aufzumucken. Dafür musste er bereit sein, die Konsequenzen zu tragen: Berufsverbot, Zwangsversetzung, Umsiedlung, Schikanen. Ich wollte nicht den Helden spielen. Deshalb beschloss ich, meinen eigenen Weg zu gehen – ins Exil.

Meine Schritte führten zur Polizei, volksdemokratisch »Öffentliche Sicherheit« (Veřejná bezpečnost oder kurz VB) genannt, eingegliedert in den Korps der »Nationalen Sicherheit« (SNB), an deren Spitze die StB (Geheimpolizei) stand. Schon die Straße, in der sich die Zentrale befand, löste Gänsehaut aus – in der Bartholomäus-Gasse. Man sagte auch nur kurz »Bartolomějská«, wenn man das Polizeipräsidium meinte. Das Passamt war im dritten Stock untergebracht.

Ich nützte die Chance, die sich durch den Prager Frühling unverhofft ergab: Auf einmal so ganz ohne Erklärung wieso und warum, durfte jeder einen Antrag auf einen Reisepass stellen. Ich vermute heute, jemand in der KP-Führung fällte in dieser Chaoszeit den Erlass, um unbequeme Intellektuelle, vorlaute Regimekritiker und sonstige Risikogruppen auf diese Weise schnell loszuwerden. Als wollte man Dampf aus dem Kessel der Unzufriedenheit ablassen, ließ man sogar Studenten plötzlich gen Westen ausreisen. Auch sie galten als Gefahrenfaktor. Man schrieb das rebellische Jahr 1968! Die Mai-Unruhen in Paris erschütterten ganz Europa. Da dachten sich offenbar einige KP-Führer, soll das Prager Hochschulvolk lieber die Autos an den Pariser Boulevards anzünden und dort auf die Barrikaden gehen. So bliebe es vielleicht in Prag doch ruhig. Wie sonst wäre es zu erklären, dass auf einmal Pässe am laufenden Band und ohne Probleme ausgestellt wurden? Es reichte, eine Einladung vorzulegen. Diese schickte mir die Tochter des tschechoslowakischen Botschafters in Paris. Sie war als Jurastudentin gewissermaßen im Widerstand. Dutzende Einladungen, sogar auf dem offiziellen Dienstpapier des Vaters, versandte Galina, so hieß sie, an alle Freunde und Bekannten zu Hause in Prag.

Bald picknickte unsere ganze Clique unter dem Eiffelturm. Galina versorgte uns mit Baguette, Käse und billigem Rotwein. Wir diskutierten über unsere Zukunft. Mitten in die hitzigen Debatten über Havel, Dubček, Svoboda und die Bedrohung durch Breschnew platzte die Nachricht: »Russische Panzer in Prag«. Der 21. August. Damit stand für mich fest: Keine Rückkehr mehr. Ich hatte genau acht Dollar in der Tasche. Für die weite Welt des Peter Stuyvesant viel zu wenig. Galina besorgte mir einen Schlafsack. Ich begab mich unter die Brücken der Seine. Am nächsten Morgen hatte ich nichts mehr. Die vermeintlichen Philosophen dort waren hundsgemeine Diebe. Es war, zugegeben, jene Art der Freiheit, die ich noch nicht kannte. Aber lieber Diebe als Stasi, lautete meine Durchhalteparole.

Heute fühle ich mich an diese Zeit erinnert, wenn ich Clochards und Penner auf dem Prager Wenzelsplatz kampieren sehe. Gestrandete Randexistenzen, manche behaupten von sich, im inneren Exil zu sein. Endlich darf man es. Im Sozialismus herrschte strikte Arbeitspflicht. Die Bänke, auf denen diese zerlumpten Gestalten schlafen, die alteingesessenen Prager schämen sich dafür, nennen sie ironisch Hotel. Wenn einer seinen Platz räumt, verlangt er von dem, der ihn einnehmen will, eine Ablöse. Einen Zehner, eine Dose Bier oder ein paar Zigaretten. Mietfrei ist in Prag kein Platz mehr. Nicht mal das Pflaster für die Penner. Manche Altgenossen denken beim Anblick solcher »westlichen Zustände« wieder an General »Mützchen«: »Der hätte schon Ordnung geschaffen«, hörte ich unlängst einen Rentner murmeln. Er trug einen etwas verschlissenen olivgrünen Anzug. Aber man sah, dass ihn das alte System sonst mit einem dicken Polster gut versorgte.

Auch General »Mützchen« genoss 27 Jahre seine Ministerpension und Dienstwohnung im Schloss Dobříš. 1990, ein Jahr nach der Samtenen Revolution, verstarb er im Alter von 80 Jahren. In seinem Hotel International kam es zu einer unvorhergesehenen Wende: Die Stalin-Kathedrale geriet in die Hände des einstigen Erzfeindes, der Amerikaner. Sie machten aus dem Nobelhaus der Generäle und Marschalle ein

Holiday Inn. Von 1996 bis 1997 wurde es pietätvoll renoviert. Kein Dekor, kein schmiedeeisernes Kunstwerk, kein Fresko und schon gar nicht die riesigen Tapisserien mit den Titeln »Tanz« und »Geschenke unserer Heimat« gingen verloren. Gelüftet ist inzwischen auch das einst streng gehütete Staatsgeheimnis, wie viele Zimmer dieses terrassenartige Turmhaus bietet: Genau 243, davon 22 Suiten. Mit der Raumdimension kann sonst kein anderes Prager Hotel mithalten. Nicht mal das fashionable *Mandarin Oriental*, in ein ehemaliges Benediktinerkloster eingezogen. Aus diesem Grund hat man das International nach der Renovierung zum *International Crown Plaza* hochgestuft.

Diese Premiummarke gehört zur InterContinental Group, einem der effizientesten Hotelgiganten weltweit. Dieses Unternehmen sicherte sich den Ostmarkt noch zu kommunistischen Zeiten. Das erste westliche Luxushotel in Prag war ein InterContinental an der Grenze zur jüdischen Stadt. Der Grundstein wurde 1968 gelegt. 1972 feierte man die Einweihung. Es ist das einzige Objekt, das der Prager Frühling, gewissermaßen als Denkmal, hinterließ. Der Baubeginn hatte damals eine unwiderstehliche Symbolkraft: Der Westen öffnete sich. Die gleiche Hotelkette zog auch nach Budapest, Warschau und Moskau. Der Respekt des heutigen Managements für den astreinen stalinistischen Baustil verwundert daher nicht; man pflegt ein untergegangenes Erbe. Als absolut sensationell wird auf der Website der Bankettsaal angepriesen: 1200 Plätze. Nur das Prager Kongresszentrum ist größer.

Neulich in Prag. Auf einem großen Billboard sah ich die Werbung für neue Luxuswohnungen. Das Areal hieß Na Julisce, das alte Strom- und Fernheizwerk für den Prager 6. Bezirk. Die Fotos der Computersimulation vermittelten den Eindruck, die Reihe der bunten Schornsteine, das Dach rund wie eine Matrosenmütze, wären schon fertig. Ich fuhr aus

Trend zum Luxus: Im alten Heizwerk entstehen neue Loft-Appartements.

Neugier hin. Neue Architektur lockt mich mit unverminderter Anziehungskraft seit meiner Jugend. Irgendein Bau-Gen muss auch in meinem Blut fließen. Mein Bruder ist Architekt geworden.

Jenes Gelände mit der neuen Superwohnanlage zählte seinerzeit zum militärischen Sperrgebiet. Rund um die Uhr bewacht. Mit Schlagbaum und Wachbuden an allen Zufahrtstraßen. Es liegt genau hinter dem Hotel International. Das war auch der Grund, warum mir diese Gegend unbekannt blieb. Nach rund 40 Jahren holte ich die Erkundung des Terrains nach. Die Sichtsperren aus Wellblech sind verschwunden. Die Armee hat das Feld geräumt. Die Sportanlagen sind jedermann zugänglich. Der Fußballverein der Offiziere, Dukla Praha, hat das Abonnement auf die Tabellenführung verloren. Er kämpft jetzt gegen den Abstieg. Die Machtposition übernahm der Millionärsclub Sparta Praha. Dessen

Kicker-Götter haben jetzt die früheren Adressen der Generäle, auf dem Hügel oberhalb vom *Hotel International Crown Plaza*. Dort erstreckt sich ein Villenparadies aus den 1930er-Jahren mit einem Namen wie aus dem Märchenbuch: Baba, bedeutet alte Frau, ist aber eigentlich eher für Hexe gebräuchlich.

Die am Hotel International vorbeiführende Straße weist noch etliche Löcher im Asphalt auf. Unter einer Eisenbahnbrücke abgesenkt, läuft sie am linken Moldau-Ufer aus. Ich konnte kaum glauben, welches Panorama sich dabei eröffnet. Warum habe ich das seinerzeit, in meiner Jugend, niemals gesehen? Warum sprachen meine Eltern nie davon? Sie kannten es wohl selbst nicht, denn sie trauten sich nicht, an jenem Hotel der Generäle vorbeizugehen. Ein Auto hatten wir nicht. Nicht mal ein Fahrrad. Sonst wäre ich vielleicht doch hingestrampelt und hätte es gesehen: Wie durch einen Canyon windet sich die Moldau durch eine großartige Landschaft. Rechts liegen liebliche Weinberge, links fallen steile Felsen zu der vierspurigen Landstraße herab. Eine Abzweigung von der Straße führt in eine breite Schlucht, die nach einer uralten Sage benannt ist – die wilde Šárka (sprich Schárka).

Der Name steht für die Anführerin der kämpferischen Amazonen aus den alttschechischen Legenden des Schriftstellers Alois Jirásek. In diesem Naturreservat führte sie Krieg gegen die Männer, bis sie sich selbst in einen verliebte und deshalb von ihrem eigenen, wild gewordenen Weiberheer verstoßen wurde. Hier liegen versteckt mehrere traumhafte Anwesen mit Türmchen, gedrechselten Balkonen, luftigen Terrassen und mitunter auch Walmdächern, als würde man durch den Schwarzwald fahren. Einst gehörten diese Sommerfrischen den Prager Fabrikanten und Großunternehmern. Meist schon aufwendig renoviert, erstrahlen sie wieder in frischen Farben. Die Büroschilder an den Toren, von Anwälten, Firmenberatern und Finanzgesellschaften, verraten die neuen Hausherren. Das neue Geld, das nach Prag herüberschwappt, nistet sich hinter dem Hotel International unauffällig ein. Die Kunst, sich versteckt zu halten, hat in dieser Gegend Tradition.

Auf dem Rückweg aus diesem Tal der neuen Wunder, auf der Schnellstraße von Roztoky nach Prag an der Moldau entlang, hatte ich dann auf einmal einen Blick auf Prag, der mich spontan an Dresden erinnerte. So ähnlich sieht nämlich Prag vom Norden betrachtet aus. Das massive Hotel International bildet mit dem Hradschin eine Dominante in gleicher Höhe. Hier der rote Stern, drüben der goldene Gockel, das heraldische Wahrzeichen des St. Veitsdoms. Zu dessen schlanker, stacheliger Gotikspitze wirkt Stalins bekrönender Gebäudeabschluss mit seiner opulenten Tulpensterntrophäe wie ein barockes Gegenstück. Man könnte das Hotel aus der Ferne auch ohne Weiteres für eine Kirche halten.

Diese Nordperspektive bietet die ungewöhnlichste Sicht auf Prag. Das gewohnte Hradschinbild, von hinten völlig unbekannt, auf keiner Ansichtskarte erhältlich. Dabei wäre es eine wert! Als Dokument einer Epoche. Mit besten Grüßen von Stalin. Er wäre bestimmt entzückt gewesen, hätte er diesen architektonischen Eingriff in Prags Panorama gesehen. Aber im Gegensatz zu Hitler war er niemals in Prag. Der Sowjetdiktator hatte Angst vorm Fliegen und eine Zugreise war ihm zu weit. Außerdem pflegten die Sowjetführer die Hauptstädte ihrer Vasallenstaaten nicht mit einem Besuch zu beehren. Man hat die jeweiligen Landesoberhäupter stets nach Moskau zitiert. Meist mit verhängnisvollem Ausgang. Etliche Ostblock-Diktatoren segneten nach einem Kreml-Besuch völlig unerwartet das Zeitliche. Klement Gottwald starb 1953 unmittelbar nach Stalins Begräbnis, dem er im Trauerzug beiwohnte.

Beigesetzt wurde »Klema« (die Prager kürzen gerne alles ab) auf dem Berg Vítkov, nach dem heiligen Veit benannt, im 3. Prager Bezirk. Die Hussiten errangen dort 1420 einen entscheidenden Sieg über das katholische deutsch-römische Kreuzritterheer. In den 1930er-Jahren entstand auf diesem Hügel ein monströses Mausoleum, fensterlos, wie ein gigantomanisches Buch aus Beton, mit grauen Granitplatten verkleidet. Das Denkmal des unbekannten Soldaten. Es stört das Prager Panorama und dennoch gehört es dazu, als wäre es ein Kolossalbau der alten Ägypter. Und wer nur in diese Richtung blickt, könnte der Illusion erliegen, Kairo wäre nicht mehr weit.

8
Mit Jugendstil in den Prager Frühling

»Ein Sozialismus mit menschlichem Antlitz.«
Diese Vorstellung entstand in den Köpfen der Schriftsteller,
während sie in einem wunderbaren Festsaal tagten.

Die Vorboten für den Prager Frühling 1968 meldeten sich bereits im Januar. Der ranghöchste Kommunist des Landes geriet ins Taumeln. Antonín Novotný, bisher in einer Doppelfunktion als KP-Chef und Staatspräsident, wurde vom Parteivorsitz entbunden. Unter dem Eindruck dieser unerwarteten Veränderung kehrte sich die Stimmung um: Dem neuen Mann an der Parteispitze, Alexander Dubček (sprich Dubtschek), schlug eine spontane Sympathiewelle entgegen. Sie überraschte ihn selbst. Im März 1968 wurde die Pressezensur aufgehoben. Die viel beachtete Initialzündung für diesen Reformschritt war der vierte Kongress des tschechoslowakischen Schriftstellerverbandes. Bemerkenswert war der Ort dieser dreitägigen Versammlung. Er erinnerte an die goldenen Zeiten Prags. Das alleine war schon ein gutes Omen.

Über der U-Bahnstation *Mírové náměstí* (sprich Mierové námjestie = Friedensplatz) ragt der Prachtbau. Zwei Stockwerke, jeweils doppelt so hoch wie eine normale Etage. Auf dem Dach als Abschluss verläuft rundum eine römische Balustrade. Erbaut 1894 innerhalb der sagenhaft kurzen Zeit von nur 15 Monaten, steht dieser Palast als Symbol für den kaum zu fassenden Reichtum der Gründerzeit. Millionen und Abermillionen wurden verschwendet für die Repräsentation. Nicht die Gotik oder der Barock verleihen Prag das weltstädtische Flair, sondern die Mietshäuser und Bürgereinrichtungen, ausgeführt im ornamentalen Jugendstil, der überbordenden Sezession und dem phantasievollen Art déco.

Der Stadtteil *Vinohrady* geriet um 1900 zum Hätschelprojekt der Architekten. Hier auf den weiten, freien Feldern legten sie Prags neue Champs-Élysées an. Drei Boulevards, die sich sternförmig ausweiten. In der Mitte dominiert der achteckige Friedensplatz, das Herzstück dieser Kunstkammer unter freiem Himmel mit einer pseudo-gotischen Kirche der Landespatronin, der heiligen Ludmila. Der spitze Glockenturm kratzt an den Wolken. Von einem grandiosen Schauspielhaus flankiert, das dem Nationaltheater am Moldauufer in nichts nachsteht, erhebt sich daneben jener Kulturpalast, von dem hier die Rede ist. Warum solche Einrichtungen entstehen konnten, hing mit Prags wirtschaftlichem Aufschwung Ende des 19. Jahrhunderts zusammen.

Die Stadtväter schenkten ihren Wählern aus den sprudelnden Gewerbesteuern gemeinnützigen Luxus. Repräsentative Gemeindezentren mit Konzertsälen, Festsalons, Restaurants und Cafés. Diese Bauten spiegelten den ungeheuren Ehrgeiz Prags, schnellstens mit dem Paris der Belle Époque gleichzuziehen. Mit Pracht, Pomp und Prunk, ausgestattet von den besten Künstler des Landes, die mit diesen Arbeiten auch ihren Ruhm festigten: Alfons Mucha, Adolf Liebscher, Mikoláš Aleš. Bevor am Prager Platz der Republik jene Perle des Jugendstils, das *Obecní dům* (Repräsentationshaus) zwischen 1905 und 1911 hochgezogen wurde, standen schon in den drei Stadtteilen *Karlín*, *Smíchov* und *Vinohrady* ähnliche Einrichtungen, die Wohnhäuser der Fabrikbesitzer, gebaut für das honorige Gesellschaftsleben. In diesen mit Kunst und teurem Handwerk überbordend dekorierten Spaßtempeln rauschten die Bälle, spielten hundertköpfige

Phantom des Prager Frühlings: Der Friedensplatz mit dem Schauspielhaus

Sinfonieorchester bei Konzerten, führten die Damen der Haute Volée ihre neuesten Kleider aus.

Das Gemeindehaus des feinen Viertels *Vinohrady* taufte man hochtrabend »Nationalhaus« (Národní dům). Für die wuchtige, gerippte Fassade wurde Architekt Antonín Turek von den Quadern des Palazzo Pitti in Florenz inspiriert. Über den Eingang setzte er die Allegorien der Euphorie und des Edelmutes, zwei griechische Statuen. Die hohen Fensterbögen erinnern an den Louvre. Und wenn man das monumentale Gebäude betritt, fühlt man sich wie bei einem Sonnenfürsten zu Gast. Breiter Treppenaufgang aus Marmor, Büsten von tschechischen Persönlichkeiten aus der Kultur, vergoldete Kassettendecken und Wandgemälde, wohin das Auge reicht. In den drei Flügeln fand man einst Platz genug für den ruhmreichen Männerchor »Hlahol« (Wohlklang), einen Sportsaal für den Turnverein »Sokol« (Falke), einen verglasten Wintergarten und einen Tanzsaal sowie eine Reihe von Salons für Hochzeiten und private Feste. In einem Trakt richtete man großzügig noch eine Bibliothek für die allgemeine Volksbildung ein.

Im Jahr 1955 befand sich das honorige Gebäude im Havariezustand. Nach einer notdürftigen Renovierung wurde es als »Zentrales Kulturhaus der Eisenbahner« wiedereröffnet. Der große Tanzsaal diente fortan für unzählige sozialistische Kundgebungen. Als Forum für leere Phrasen und hohle Proklamationen. Doch warum der kommunistische Schriftstellerverband (SČSS) hier seine Kongresse abhielt, hatte einen anderen Grund. 1927 trug der sowjetische Vorzeigelyriker Vladimir Majakowski in diesem Festsaal seine Gedichte vor. Eigentlich war er ein Vertreter des Futurismus mit utopischen Visionen für eine neue Gesellschaftsordnung. Daher steckte in seiner Poesie auch explosiv zündende Sozialkritik. Er prangerte die Mammonhamster an, die Vorläufer der heutigen Heuschrecken. Von Lenin beeindruckt, ließ sich Majakowski willig als propagandistischer Agitator für die Sowjets einspannen. Der kommunistisch gelenkte Schriftstellerverband fühlte sich diesem Erbe verpflichtet. Das grandiose dreiteilige Deckenfresko mit Karl IV., ausgeführt von dem Maler Adolf Liebscher, wurde damals mit einer Decke aus Pappmaschee verhängt. Doch irgendwie sickerte Karls Geist trotz dieser Verhüllung durch. Man spürte eine magische Kraft, hörte die Flügelschläge des Schicksals.

Es ist der 28. Juni 1967. Václav Havel berichtet in der Sitzungspause am Münztelefon seinem Freund Jiří Němec über den Ablauf des letzten Kongresstages. Němec ist der abgesetzte Chefredakteur von *Tvář* (sprich Twársch, bedeutet Gestalt, Antlitz). Dieses Literaturmagazin wurde beim vorangegangenen, dritten Schriftstellerkongress 1963 auf Antrag von Jiří Gruša gegründet. Das vierteljährliche Periodikum erschien in einer limitierten Auflage von 5000 Stück. Noch druckfrisch, war es sofort vergriffen. Die darin veröffentlichten Beiträge der jungen Literaten (auch ausländischen) zeichneten sich durch einen neuen Tenor aus: rebellisch, unbequem, provokativ. »Es war eine kleine Insel der Freiheit im Ozean der Unfreiheit«, charakterisierte die Havel-Biographin Eda Kriseová das Heft.

Im Oktober 1966 verhängte das Zentralkomitee der KP für das Magazin ein Verbot. Die aufgelöste Redaktion, in deren Beirat auch Havel saß, ließ sich aber nicht einschüchtern. Schwierigkeiten zu haben, gehörte zum Alltag. Die jungen Autoren brüsteten sich geradezu damit, dass sie verfolgt wurden. Somit geriet der Konflikt um *Tvář* für den anstehenden Schriftstellerverband zu einer Zerreißprobe. Die nichtideologisierte, neue Generation der Autoren nahm den Kampf mit den erzkonservativen, kommunistischen Kollegen auf, die allenfalls Kritik von oben gewöhnt waren. Es kam zum Bruch auf der ganzen Linie. Die intellektuelle Szene begann sich neu zu gruppieren.

Die Tradition spielte dabei eine wichtige Rolle. Die tschechoslowakischen Schriftsteller betrachten sich als das moralische Kollektivgewissen der Nation. Als solches fühlte man sich nach wie vor, auch im Sozialismus. Man folgte einer Haltung, die im 19. Jahrhundert wurzelt. Damals leitete man mit Feder und flammenden Worten die patriotisch-nationale Wiedergeburt der Tschechen und Slowaken ein. Während der deutschen Okkupation rief man zwischen den Zeilen zum Widerstand auf. 1956 bei dem 1. Kongress fand man trotz kommunistischer Verbandsführung sogar den Mut, eine Petition für die Freilassung der politischen Häftlinge sowie deren Rehabilitierung zu verfassen. Die Schriftsteller, Filmemacher und Journalisten galten als Helden.

Im Volk genossen sie hohes Ansehen. Unerschrocken traten die Besten von ihnen als Verfechter der Werte auf, die

Pause bei Kongresssitzung: Václav Havel (rechts) 1967 mit seinem Kollegen Ivan Klíma

eine Orientierung im Leben gaben. Zu dieser Gruppe zählte bereits auch der 31-jährige Václav Havel. 1965 lieferte er sein öffentliches Debüt als Redner bei der außerordentlichen Versammlung des Schriftstellerverbandes zum 20. Jahrestag der Befreiung von den Deutschen. Er kritisierte das Ritual der kommunistischen Parolen und Floskeln sowie die Dialektik der Partei. Pavel Auersperg, Sekretär des ZK, erkannte sofort: »Dieser Ketzer wird uns noch gefährlich werden.«

Beim vierten Kongress des Schriftstellerverbandes 1967 ging es nun um das scheinbar Unmögliche: Die »Reform des Unreformierbaren«. Der Reihe nach traten ans Mikrophon: Ivan Klíma, Milan Kundera, Pavel Kohout und Ludvik Vaculík – der formulierte am schärfsten. Der Fünfte im Bunde war der angehende Theaterautor Václav Havel. Schon sein Erscheinen weckte Sympathien: Ein Sonnyboy im weißen Hemd und mit einer schwarzen Krawatte. Der Knoten am

Hals saß fest. Auch sein Haarschnitt war korrekt. Nicht einen Deut zu lang.

Vašek (sprich Waschek), so der Kosename von Václav, ist ein hochambitionierter Sohn aus der alteingesessenen Prager Nobelbourgeoisie. Sein Großvater Václav baute die *Lucerna-Passage* am Wenzelsplatz im sezessionistischen Jugendstil, mit einem bis heute funktionierenden Kino. Auch die Filmstudios Barrandov waren ein Havel-Unternehmen. Die Stasi (auf tschechisch státní bezpečnost, sprich bezpetschnost) hatte längst sein Gefahrenpotential erkannt. Unter dem Decknamen Tomis III. verfolgte sie emsig den jungen Havel und seine Freunde: Den Dramatiker Josef Topol, den Regisseur Ivan Grossmann vom Theater am Geländer, wo auch Havel sein erstes Stück »Das Gartenfest« inszenierte, und die Schriftstellerin Věra Linhartova. Man hörte alle Telefonate ab. So wussten die Stasi-Spitzel schon im Voraus, was Havel beim Kongress vortragen würde: Unter der Metapher »Fassadomanie« als neuem Begriff, wobei Havel sogar direkten Bezug zu Renovierungsarbeiten in Prag nahm, beschrieb er die Zustände innerhalb des kommunistischen Systems. »Alles nur Fassade«, wiederholte er mehrmals. »Sie wird neu gestrichen, ausgebessert, die Löcher gestopft, aber innen sind die Träger morsch, die Leitungen verrostet, nichts funktioniert. Nur übersieht man diesen desolaten Zustand wegen der neuen Farbe an der Außenwand.«

Drei Nächte lang hatte Havel junior nicht geschlafen, an seinem Redemanuskript gefeilt, ganze Passagen umformuliert, Absätze umgestellt. Nun sprach er frei. Zum dritten Mal schon störte er die eingefahrenen Rituale des Schriftstellerkongresses. Aber jetzt schlug seine Schicksalsstunde. Mit diesem Auftritt nahm seine politische Karriere ihren Lauf. Zuerst fasste er zusammen, was schon seine Vorredner sagten – ein dramaturgisch kluger Zug. Er war ja ein Mann des Theaters, mit Sinn für Spannung und Pointen. Besonders lobte er Ludvik Vaculík, einen furchtlosen Autor mit beißenden Kommentaren, geistreichen Feuilletons und hintersinnigen Essays, meist in der intellektuell ausgerichteten *Literární noviny* (wöchentlich erscheinende Literaturzeitung) veröffentlicht. Auch ein Blatt, das jedes Mal sofort vergriffen war. Havel wertete Vaculíks Rede als witzig und zutreffend, aber nicht ehrlich genug. Dann wetterte er los: »Entweder sagt man die volle Wahrheit oder man soll lieber schweigen.«

Das war bereits ein unverhüllter Angriff gegen die dogmatischen Kommunisten. Das Signal. Im Nachsatz milderte Havel allerdings die Spitze: »Diese Antidogmatiker, die sich trauen, den Weg der Wahrheit zu gehen, zahlen ein Leben lang drauf. Sie sind die Verlierer, wie bei diesem Kongress.«

Dieser Satz klang aber nicht resignierend. In diesen Worten steckte die Herausforderung für die antidogmatische Szene, diesmal nicht die Verlierer zu sein. Sogar die Stasi, die neben dem offiziellen Protokoll einen eigenen Bericht erstellte, vermerkte: »Nach Havels Beitrag entsteht unter den Diskussionsteilnehmern ein regelrechter Wettbewerb, wer die schärfste Formulierung wagt.«

Dabei wollte sich Havel eigentlich nicht als Regimekritiker profilieren. Er wollte nur die Freiheit für eine Nische erkämpfen. Ihm ging es um das verbotene Literaturmagazin *Tvář*. Er versuchte den Kongress für die Wiederauferstehung dieser gedruckten »Gestalt der Literatur« zu mobilisieren. Er schlug sogar neue Titel vor: »Ladění« (sprich ladjenie, bedeutet Stimmen eines Musikinstruments) oder »Obratník« (Wendekreis), um die Kommunisten auf einen versöhnlichen Kurs einzuschwenken. Dass er ausgerechnet aus dem kommunistischen Lager plötzlich Schützenhilfe erhielt, war die Ironie des Kongresses. Eine Front der Reformkommunisten begann sich unter den roten Schreibern zu bilden. Mehrere Genossen proklamierten das Ende der Zensur. »Überflüssig, die Macht zu kontrollieren«, rief Jan Klíma in den Saal. »Wir sind die Macht, wir kontrollieren uns selbst.«

Die Nerven lagen blank. Einige Erzkommunisten wie der Verbandsvorsitzende Jiří Hendrych verließen wutentbrannt den Saal. Dem Kongress wurde in Petitionsform die Wiedereinführung der 1952 eingestellten *Lidové noviny* zwecks Zustimmung vorgelegt. Es handelte sich dabei um ein 1893 gegründetes Traditionsblatt, dessen Fahnenträger unter den Nazis schwer zu leiden hatten. Einer der führenden Redakteure, Josef Čapek (sprich Tschapek), wurde 1943 verhaftet. Er starb im April 1945 beim Todesmarsch aus dem KZ Bergen-Belsen ins Vernichtungslager Theresienstadt. Das Čapek-Denkmal liegt unmittelbar vor dem Nationalhaus, die Kongressteilnehmer konnten aus den Fenstern darauf herunterblicken. Die ewige Flamme lodert in einem Granitschrein. Sogar die Kommunisten schlossen sich dem Antrag an, die *Lidové noviny* als Denkmal mit nationaler Bedeutung wieder zuzulassen.

Doch das einst liberale Blatt sollte nicht zum kontrollierten Organ der Partei, sondern ein freies Sprachrohr gegen die totalitäre Diktatur werden. Im Geiste Čapeks vor jeglichem Machtmissbrauch eines Systems warnen und wachrütteln. Als Chefredakteur wurde der Journalist und unbequeme Regimekritiker A. J. Liehm designiert. Es zeichnete sich auch die vage Chance für die Erneuerung des verbotenen Magazins *Tvář* ab. In diesem Moment stürzte Havel voller Optimismus zum Telefon, um seinen Freund Jan Němec über eine mögliche Wende zu informieren.

Danach, noch in den letzten Tagungsstunden, entfesselte sich unter den Schriftstellern, Feuilletonisten, Journalisten und Dramatikern ein verbaler Radikalismus. Sich zu trauen doch seine Meinung offen zu äußern, verschaffte eine ungeheure Erleichterung. Endlich verhielt man sich nicht wie ein Feigling. Auch wenn anschließend der Kongress mit dem

Art déco: Wie die Pharaos fühlten sich die Einwohner dieses Hauses um 1900.

Ausschluss von Vaculík, Liehm, Klíma und Kohout aus der Partei endete und das Ganze für die *Literární noviny* ein Verbot nach sich zog, betrachtete man das Resultat als den ersten Sieg für die Freiheit.

Als ich unmittelbar von dem Ende des Schriftstellerkongresses durch einige anwesende befreundete Kommilitonen der Filmakademie (FAMU) erfuhr, hatte ich den Eindruck, zu dieser Mutprobe leistete auch die Magie der großartigen Saalarchitektur einen wichtigen Beitrag. Die Delegierten mussten sich wie seinerzeit, in der Bewegung des nationalen Erwachens des 19. Jahrhunderts, fühlen. Die Geschichte wiederholte sich nämlich. Auch diesmal ging es um die Zukunft einer ganzen Generation. Man war dabei, die Weichen zu stellen. Entweder aufrecht zu gehen oder zu kuschen. Die »68er« lehnten sich gegen ihre Eltern auf.

Man bedachte dabei auch Majakovski. Als abschreckendes Beispiel. Als er erkannte, wie sehr er sich von der herrschenden Macht hatte missbrauchen lassen, schoss sich der Dichter 1930, im Alter von 37 Jahren, ins Herz. Wir wollten keine Märtyrer sein, kein Majakowski-Schicksal erleiden. Wir Studenten waren nur massiv empört, als wir hörten, wie die kommunistischen Kongressleiter es doch verhinderten, dass ein Brief von Alexander Solschenizyn an die Prager Kollegen öffentlich vorgelesen wurde.

Für Havel ging der Kongress ohne Sanktionen aus, obwohl ihm die Stasi die Entfesselung einer »gefährlich ansteckenden Massenpsychose« attestierte. – »Hoffentlich wird nach diesem Kongress der Schriftstellerverband nicht aufgelöst«, bangte Havel. – »Zum Glück wusste die Hälfte des Politbüros nicht, worum es eigentlich ging. Die hatten ja überhaupt keine Ahnung«, erinnerte sich später der Zeitzeuge Bohumil Šimon, hochexponiertes ZK-Mitglied. Er war zuständig für die wirtschaftliche Planung. Und da spielte sich eine ähnliche Situation wie beim Schriftstellerverband ab.

Die Ökonomen im ZK wollten plötzlich nicht hinter den Literaten, Journalisten, Filmemachern, der ganzen Kulturfront herhinken. Auch sie entwickelten neue Initiativen. Sie waren auch notwendig, angesichts des westlichen Fortschritts, vor allem des eminenten Wirtschaftswunders in der »revanchistischen Bundesrepublik«. Man befand sich ja mitten im Kalten Krieg.

Um die Produktivität in der tschechoslowakischen Republik zu steigern, erwog man, die Gehälter anzuheben und den Arbeitern bei gleicher Leistung einen zusätzlichen freien Tag zu schenken. Nach dem Testlauf in ausgesuchten Betrieben erwies sich dieser Plan als durchaus realistisch. Dem sozialistischen Schlendrian, der Wurstigkeit und Ignoranz, sollte ein Ende gemacht werden. Die Leistung sollte sich lohnen, mehr Freizeit die Lebensqualität anheben. Das Ziel verkündete man mit einer neuen Parole: »Die Revolution ist zu Ende – der Sozialismus erreicht«. – »Aber welcher Sozialismus?«, hallte das Echo von der Straße zurück. Die Antwort sollte nicht lange auf sich warten lassen.

Am 1. Januar 1968 wurde offiziell in der ganzen Republik der arbeitsfreie Samstag eingeführt. Die Kaufkraft der Bevölkerung wuchs gleichzeitig um 20 Milliarden Kronen. So viel machten die Lohnerhöhungen insgesamt aus. Über Nacht stieg der Lebensstandard. Als sich die Reformer in der kommunistischen Partei noch ihres zaudernden Chefbürokraten Novotný entledigten, schwoll die landesweite Zuversicht an. Man sah Anzeichen dafür, dass sich bald die Zeiten ändern könnten. Die Allmacht der Partei zeigte Risse, die Stasi-Kontrolle schwächelte. Es begannen acht verrückte Monate, die unter dem Begriff »Prager Frühling« (Pražské jaro, sprich praschské) in die Geschichte eingingen.

Im März 1968 trat Alexander Dubček in den Vordergrund der Reformbewegung. Anfangs nahm man von seinen Reden noch wenig Notiz. Erst als er ein neues Schlagwort einführte, brandete der Beifall wie ein Orkan auf: »Pro socialismus s lidskou tváří – Für einen Sozialismus mit menschlichem Antlitz.« Das war die Antwort. Der Slogan kam an. Die Insider wussten sofort, dass in dieser Formulierung, wie in einem Kryptogramm, auch die Forderung nach dem Literaturmagazin *Tvář* verschlüsselt war. Es wurde wieder genehmigt und erschien 1968 mit zwei Ausgaben. Dubčeks viel zitierte Parole stammte also eigentlich von Václav Havel, wobei in der Übersetzung der Begriff »Gestalt« doch eher trifft als der Begriff »Antlitz«. Es ging um das ganze System, das nicht ein anderes Profil, sondern eine ganz andere Gestalt bekommen sollte.

Und wir Studenten riefen im Mai 1968, im Einklang mit den Pariser Kommilitonen, begeistert: »Dub-ček, Ho-Tschi-Minh«. Die Alliteration passte. Das war schon der Aufstand. Das Echo hallte bis nach Moskau. Am allermeisten verschreckte es aber den Genossen Walter Ulbricht in Ostberlin, denn Prag war schon damals ein beliebtes Touristenziel der Ostdeutschen. Man nannte sie die »braven Deutschen«. Sie kauften am Wenzelsplatz Dinge, an denen es bei ihnen zu Hause mangelte: Butter, Kaffee, Schokolade. Manche von ihnen trafen sich heimlich mit ihren Verwandten aus dem Westen, den »bösen Deutschen«. So nannte man ironisch die Bundesbürger. Und dann kam es wie ein Blitz aus heiterem Himmel: Aus Angst vor der Infiltration durch freiheitliche Gedanken alarmierte SED-Chef Walter Ulbricht vor Beginn der Sommerferien in den Schulen den Kreml.

Genosse Ulbricht war der Henker des Prager Frühlings. Als hätte er geahnt, dass in Prag sein System zu Fall kommen könnte (wie es dann 1989 tatsächlich geschah). Auf seine dringende Forderung, die Moral des Sozialismus zu retten, rollten in der Nacht vom 20. auf den 21. August 1968 die Panzer der Roten Armee und des Warschauer Paktes in Prag ein. Die DDR-Truppen blieben allerdings an der Gren-

Tradition verpflichtet: Im Nationalhaus hielt schon Vladimir Majakovski eine Lesung.

ze in Bereitschaft stehen. Man wollte keine unheilvollen Erinnerungen (oder womöglich Vergleiche) an den Einmarsch der Wehrmacht 1939 wecken und die kritische Lage noch mehr verschärfen. Sogar im Sozialismus galt das deutsch-tschechische »Bruderverhältnis« als heikel. Man bewegte sich trotz flammender Lippenbekenntnisse auf dünnem Eis.

Am 26. August musste Alexander Dubček vor Breschnew das »Moskauer Protokoll« unterzeichen. Alle Reformen wurden zurückgenommen. Im April 1969 wurde Dubček durch den farblosen Apparatschik ersetzt: Die repressive Ära Gustáv Husáks, des neuen Parteivorsitzenden, dauerte rund 20 Jahre. 20 verlorene Jahre. Auch das Literaturmagazin *Tvář* wurde Ende 1969 endgültig eingestellt.

Prager Frühling 2008, das 40. Jubiläumsjahr. Das ehemalige Kulturhaus der Eisenbahner heißt wieder *Národní dům na Vinohradech* (Nationalhaus an den Weinbergen). Vorbildlich restauriert, in Glanz und Gloria strahlend, wird es von einem privaten Unternehmen für Gastronomie profitabel betrieben. Der große Festsaal trägt nach wie vor den Namen Majakowski. Eingraviert auf einer wie Gold glänzenden Messingtafel. Bei der Enthüllung 2006 war auch ein Teilnehmer des damaligen Schriftstellerkongresses dabei, der Autor Pavel Kohout. Er lächelte verlegen. Fast, als hätte er Sehnsucht nach den einstigen dramatischen Zeiten voller Aufruhr und Bewegung. Man glaubte damals, die Welt verändern zu können, tat sein Bestes, setzte einige Hebel in Bewegung und wurde von den entfesselten Ereignissen überrollt.

Nur zwei Ecken entfernt von diesem historisch überbeladenen Nationalhaus lädt das neue *Café Sahara* ein. Lounge & Restaurant, exklusives Design, edles Ambiente, orientalisches Dekor, arabisch-mediterrane Spezialitäten von Küchenchef Gilad Avital. Auf den Tischen liegen, neben der Speisekarte, hochwertige Bildbände über Architektur und Einrichtung. Der würzige Duft von Couscous durchzieht die Räume im Jugendstil. Unter den Farnkrautornamenten blüht das Flair von Marrakesch. Welcher Hellseher hätte das 1968 prophezeien können? Keiner! Es ist genauso, wie es in Havels jüngstem Buch »Fassen Sie sich bitte kurz«, 2007 veröffentlicht, hinten auf der Umschlagseite steht:

»Mir kommt von Zeit zu Zeit mein Schicksal absolut unwahrscheinlich vor. Wie konnte es nur geschehen, dass ich – und gerade ich – mich im Zentrum so wichtiger Ereignisse befand, die das Schicksal vieler Völker und Millionen von Menschen geprägt haben? Warum musste ich, ein Autor absurder Theaterstücke, Hunderte von absurden Situationen erleben? Manchmal sage ich mir, dass ich mein Leben wohl nur träume und sehr bald aus alldem erwache …«

Und die Realität? Alexander Dubček starb am 1. September 1992 bei einem Unfall auf der Autobahn.

9
Und wo, bitt'schön, geht's zum Schwejk?

Nach der Wende: Der brave Soldat ging in Rente.
Und keiner weint ihm nach.

»Es sind alles Schwejks«, klagte Rudi, mein alter Freund und Kupferstecher. Seinerzeit im Frühjahr 1995 war er geschäftsführender Blattmacher bei der *Passauer Neuen Presse*. Er machte mir ein Angebot: »Willst du nicht als Chefredakteur nach Prag? Wir haben dort eine Zeitung gekauft.«

Mensch, ich werde verrückt. Da verlasse ich 1968 als Flüchtling mein angehimmeltes Prag und kehre nach genau 27 Jahren zurück – als Chefredakteur. Noch dazu liegt die Redaktion am Wenzelsplatz, wo ich schon als Kind wohnen wollte. Neben dem *Grand Hotel Evropa*, ein absoluter Traum. Rudi, kneif' mich!

Das Verlagshaus der *Passauer Neuen Presse* erinnerte sich gleich nach der Wende daran, wer einst den ungläubigen Tschechen die Bibel und das Wort Gottes ins Land brachte – der heilige Adalbert aus Passau, auf Tschechisch svatý Vojtěch. Sie folgten seiner Mission auf zeitgemäße Weise. Unter den Kommunisten gab es keine Regionalzeitungen, also beschlossen die Passauer, den tschechischen Nachbarn mehr Pressefreiheit zu bringen: In Form von Anzeigenblättern. Da witterten sie nun eine einträgliche Marktlücke, würden sie dieses riesige, brachliegende Feld richtig beackern.

Landauf, landab, in der sozialistischen Republik bis zur Wende gab es überall nur die fünf großen Presseorgane:

Rudé právo, *Mladá fronta*, *Práce*, *Svobodné slovo* und *Lidová demokracie* – zu Deutsch: Rotes Recht, Junge Front, Arbeit, Freies Wort und Volksdemokratie. Auf Einheitslinie gebracht, mit kleinen Abweichungen im Sportteil (über Fußball durfte man schon eine eigene Meinung vertreten), stand in jeder Ausgabe der gleiche Inhalt. Um diese Druckkost verdauen zu können, musste man sich dazu den *Dikobraz* kaufen – das Stachelschwein. Ein buntes satirisches Wochenendblatt, für das man am Sonntag schon ziemlich früh aus den Federn musste, um noch ein Exemplar am Kiosk zu ergattern. In diesem dünnen, achtseitigen Heft fanden sich Anekdoten und Zeichenwitze. Ein bescheidenes Menü, aber immerhin bot es ein paar würzige Kurzgeschichten aus dem abstrusen Alltag, mit einem Senfkorn der kollektiven Lächerlichkeit und einer kleinen Prise Salz zur Politik, natürlich den westlichen Imperialisten.

Allesamt harmlos, brav, kleinkariert und überaus linientreu. Nur der Strich der Karikaturisten lieferte gelegentlich Schärfe. Einen, Adolf Born, sehe ich mit seinen Zeichnungen sofort vor meinem inneren Auge. Seine finsteren Blaubärte, wie sie frivole Flittchen begrabschen, oder das Schwein, das zum Hradschin läuft, mit dem Messer in der Hand hinter seinem Rücken versteckt, entlarvten die sozialistische Moral. Seine Generäle hatten immer senile Gesichter, sie bombardierten mit Raketen Papierschiffchen im Waschbecken. Das war schon starker Tobak, mitten im Kalten Krieg. Er verhöhnte unsere säbelrasselnde Militärmaschinerie mit doppeldeutiger Ironie. Ein hochdekorierter General vertraute einem Feldwebel an: »Mit Ihnen kann ich mich gut unterhalten. Sie sind fast so blöd wie ich.« – Schwejk ließ heimlich grüßen.

Ergiebige Zielscheiben waren auch die bundesdeutschen Politiker: Adenauer, Kiesinger und Franz Josef Strauß. Zu re-

Der letzte Pappkamerad: Immer rarer wird der brave Soldat Schwejk.

vanchistischen Schweinen, kackenden Hunden, Eisbein fressenden Hanswursten mit Gamspinsel am Jägerhut degradiert, konnte man sich vorstellen, wie schön es wäre, auch unsere Führer so parodieren zu dürfen. Auch so eine geheime Botschaft. Die Ausstellungen der *Dikobraz*-Zeichner häuften sich, der Besucherstrom wuchs. Bei der Vernissage der »Bornographie«, aus dem Namen »Born« satirisch abgeleitet, standen schon 2000 Leute in der Schlange vor der Galerie *ÚLUV* an der Národní třída (Nationalboulevard). Es brach allmählich die Zeit an, in der sich der Prager Frühling langsam zu nähern begann. Schwejks Geist schwebte in der Luft.

Ich erzählte das Rudi, um ihm klarzumachen, dass er 1995 mit seiner Lageeinschätzung falsch lag. An Satire gab es keinen Bedarf. Der *Dikobraz* war gleich nach der Samtenen Revolution sanft entschlafen. Die Wende bedeutete auch: Statt Schwejk nun Supermärkte. Endlich gab es volle Regale mit den lang ersehnten Traumartikeln: Nivea, L'Oreal, Blendax, Colgate; es gab Deo und Duftsprays für die Toilette und, oh Wunder, sogar Klopapier. In zarten Farben, mehrlagig, kuschelig weich, vor Weihnachten mit Nikolausaufdruck. Das Paradies öffnete sich, die Kinder schrien nach Flocken von Kellogg's. Jeder rubbelte, Gewinnspiele waren der Knüller. Aber warum wollten die Passauer unbedingt eine Tageszeitung in Prag haben?

Was in Bayern funktionierte, die vielen Kleinausgaben in Altötting, Deggendorf, Rottal, Straubing, Vilshofen, um nur einige Standorte zu nennen, klappte in Tschechien auch. Mit zwölf Regionalausgaben in Pilsen, Budweis, Iglau, Reichenberg, Königsgrätz, Brünn, Mährisch Ostrau und so weiter gestartet, bauten die »Pasováci«, wie man die Passauer auf Tschechisch nennt, ein führendes Verlagsimperium auf. An der Spitze von Vltava-Labe-Press stand ein gewisser Vlastimil Košt'ál (sprich Koschtjál). Ein sympathischer Mann mit Brille, dem man es nie ansehen würde, dass er früher in der Leitung von *Rudé právo* tätig war, dem Sprachrohr der Kommunistischen Partei. Er hatte nichts funktionärhaftes an sich, steckte voller Elan und Ideen. Man betrachtete ihn als die neue rechte Hand des heiligen Adalbert, Passaus Schutzpatron, ausgezogen, um den Tschechen das freie Pressewort zu bringen.

Der erfolgreiche Feldzug mit den Regionalzeitungen gelang in Rekordzeit. Zur glorreichen Krönung fehlte nur noch, die Hauptstadt zu erobern. Es ging um Image und Prestige – Košt'ál wollte der neue Zeitungskönig von Prag sein! Also kauften die Passauer ein Objekt, die soeben aus den Nachwirren der Wende entstandene *Dobrý večerník* (sprich dobrí wetscherník = die gute Abendzeitung). Der mediale Apostel Košťál, der Ex-Genosse, wurde auch hier der Kopf. Nur bereitete ihm die Redaktion schlaflose Nächte: Ein Haufen verlorener Seelen, denen es an neuer Orientierung mangelte. Jeder wollte sich in selbst gestrickten Kommentaren ergötzen, nachpfeffern, das Lesemenü versalzen. Die Beiträge entsprachen dem Niveau heutiger Blogs im Internet. Die Prager aber wollten endlich ein gutes Boulevardblatt. Na ja, eigentlich wollten sie eine Prager »Bildzeitung«. Dafür fehlten aber die ausgebufften Redakteure und die dreisten Reporter. Die »Gute Abendzeitung« dümpelte in der Auflage vor sich hin. Nun sollte ich sie ankurbeln. Mein Freund Rudi, mit der Gesamtprojektleitung in Passau betraut, machte mir Mut: »Du kennst den Schwejk am besten, du bist doch auch ein Tscheche.«

Geschmeichelt fühlte ich mich nicht. Ich sah, dass Rudi und das Verlagshaus in Passau an einem grundsätzlichen Irrtum festhielten: An dem Schwejk-Syndrom der Tschechen. Ich krempelte mir die Hemdsärmel hoch und fing an, ein Blatt nach meinen Vorstellungen zu machen. Prag war damals ein verheißungsvoller Ort, wenn es um neue Presseerzeugnisse ging. Jeder wollte diesen Markt mit potenziellen 1,2 Millionen Lesern (Einwohner inklusive Säuglinge und Greise) erobern. Neue Tageszeitungen schossen wie Pilze aus dem Boden. Zwölf Titel hingen schon täglich druckfrisch am Kiosk und es kamen ständig neue hinzu. Die Multis wie Ringier aus Zürich (neben *BLICK* druckte dieser Konzern zwei Millionen Exemplare von *US-Today* täglich) und der *Rheinische Merkur* lieferten sich eine gnadenlose Verdrängungsschlacht und verloren dabei viel Geld. Auch die Passauer setzten über zwei Millionen D-Mark in den Sand – und dies nur, weil sie die Prager für Schwejks hielten. Sie waren nicht die einzigen, die es nicht verstehen konnten, dass der Tscheche eigentlich ganz anders ist: Nicht wie Schwejk, sondern wie sein Autor Jaroslav Hašek. Nach ihm heißt auch die Fähigkeit, sich solche Figuren wie Schwejk auszudenken, aber im Grunde ganz anders zu sein: Haškovština (sprich Haschkowschtina) – etwa wie eine Sportdisziplin namens Haschkiade.

Seit jeher meinen die Deutschen, Schwejk sei lustig. Pustekuchen. Bitter ernst ist der Knilch. Er stellt sich dumm, dabei hat er es faustdick hinter den Ohren. Der Deutsche meint, Schwejk leistete passiven Widerstand. Das Gegenteil trifft zu: Er war ein Meister darin, aus jeder Lage seinen Nutzen zu ziehen. Das Beste für sich. Die Österreicher wussten das. Ich konnte darüber auch mit einem kompetenten Gesprächspartner diskutieren. In der Redaktion gab es einen älteren, gebildeten Autor, Jan Tůma. Altprager Geschichten waren sein Spezialgebiet. Mit seiner Edelfeder schrieb er über den kopflosen Templer oder die in Klosterwänden eingemauerten Nonnen, die nachts singen – und die Gäste in den zu Hotels umgebauten Klöstern nicht schlafen lassen. Eine Topografie der trunkenen Gespenster erstellte Tůma genauso akribisch wie eine Karte von Kraftadern des Schicksals, die quer durchs Land von einer Burg zur anderen ein Netz bilden und sich am Karlstein als Hauptknotenpunkt vereinen. Über die Symbolfigur der Nation urteilte Herr Tůma: »Schwejk konnte nur in dem Dampfkessel der Monarchie funktionieren. Die österreichisch-tschechische Mentalität war geistig artverwandt und führte zu einem pragmatischen Zweckbündnis: Die Österreicher machten Weltpolitik, die Tschechen kochten im Schatten einer Weltmacht ihr Süppchen. Da schwamm richtig Fett obenauf. Schauen Sie sich nur die Prager Pracht an. Sie stammt aus der Zeit der K.-u.-K.-Monarchie. So schlimm konnte sie nicht sein, wie es bei Schwejk dargestellt wird«, pflegte Herr Tůma seine Ausführungen zu schließen. Damals, Mitte der 1990er-Jahre vernahm man den Ruf nach einer Monarchie öfters. Wäre Havel adeliger Herkunft gewesen, hätte man ihn zum König gekrönt und Tschechien zum neuen Luxemburg Europas erklärt.

Tůma hat mich noch darauf hingewiesen, was Reinhard Heydrich 1940 bei seinem Amtsantritt als Reichsprotektor in Prag seine »lieben Tschechen« wissen ließ: »Merkt euch, wir sind keine Österreicher!« – Das ist ein Schlüsselsatz. Mit den Reichsdeutschen hat die böhmische Schwejkowschtina

Milieu mit Seltenheitswert: Solche Kneipen gibt es bald nicht mehr.

(eingebürgerter Fachbegriff für Schwejks Verhalten) nicht mehr funktioniert. Und die Sowjets ließen sie schon überhaupt nicht mehr durchgehen. Selbst der Autor, Jaroslav Hašek (1883–1923), der im Ersten Weltkrieg an der russischen Front Fahnenflucht beging, dann aber enttäuscht zurückkehrte, kam zu der Erkenntnis: »Mir ist Väterchen Kaiser tausendmal lieber als die Bolschewiken.« Er meinte Franz Josef I.

Die Kommunisten nahmen ihm dieses Zitat später übel, strichen ihn in den 1950er-Jahren aus den Schulbüchern. In den 1960er-Jahren wurde Hašek wieder halbwegs rehabilitiert. Da hatte man das Werk schon ganz anders begriffen und auch genützt. Es enthält tief greifende Sätze mit substanzvoller Lebensphilosophie. »Jeder kann nicht klug sein, man braucht die Dummen als Ausnahme. Wenn jeder klug wäre, dann gäbe es auf der Welt so viel Klugheit, dass davon der Mensch völlig verblöden würde.«

Ich sagte einmal zu Herrn Tůma: »Eigentlich war Schwejk der Dalai Lama der Tschechen, noch lange bevor seine Heiligkeit auftauchte, um uns Verhaltenskunde zu lehren.« – Herr Tůma stimmte mir zu: »Beide – also Schwejk und der Dalai Lama – wussten, dass man sich mit Widerstand nur schaden kann. Sich mit den Umständen zu arrangieren ist besser, als das Leben mit sinnlosen Protesten zu vergeuden.« – Dabei fiel einmal auch der Name Košt'ál, unser oberster Boss bei der »Guten Abendzeitung«. Tůma meinte: »Schauen Sie, dem ist es unter den Kommunisten gut gegangen, er war bei einem erzkommunistischen Blatt, wo es einem beim Lesen nach jeder Zeile schlecht wurde, so viele Lügen standen darin. Aber Košt'ál störte es nicht. Jetzt ist er der Prinzipal bei den Erzkapitalisten in Passau und es geht ihm noch besser – das ist typisch Schwejk.«

Nach der Wende haben in der Tat Hunderttausende von Schwejks ihr Gewand gewechselt. »Wer den Staat nicht be-

Hölzerner Wegweiser: »Mit Öffnungszeiten hier im Hause«

klaut, schädigt seine Familie«, dieser alte Spruch aus dem Sozialismus verlor seine Gültigkeit. Schwejk als Begriff mutierte zum Unwort. Es stand für Altkommunisten mit antidemokratischen Ansichten. Als »Schwejks« bezeichnete man in Korruptionsaffären verwickelte Politiker, stempelte damit jene Bürgermeister ab, die sich über Sinti und Roma rassistisch diskriminierend äußerten. Es ging so weit, dass man jüngst einen Richter, der den Marsch der Neo-Nazis durch Prags jüdisches Viertel genehmigte, als Schwejk beschimpfte. Schwejk als Antisemit?

Die »Gute Abendzeitung« schaffte es nicht, die Gunst der Leser zu erobern. Mein Intermezzo als Chefredakteur endete ohne Applaus. Die Verluste setzten die Passauer wohl von der Steuer ab. Die Herren Tůma und Košt'ál verlor ich aus den Augen. Irgendwann stieß ich in den tschechischen Zeitungen auf einen ganzseitigen Artikel: Interview mit Košt'ál. Als Präsident des traditionsreichen Fußballvereins AC Sparta Praha. Mich hat es regelrecht gerissen. Sparta! Der Club mit dem riesigen Stadion auf dem Hügel Letná. Die siegesverwöhnten Tabellenführer der tschechischen Liga, Gegner von FC Bayern in der Champions League. Wie man dem Interview entnehmen konnte, plante Košt'ál die Übernahme generalstabsmäßig. Der Vltava-Labe-Press-Verlag, eine 100-prozentige Tochter der bayrischen *Neue Passauer Medien*, erwarb 2000 bei Sparta die Aktienmehrheit. Damit sicherte sich der damals 43-jährige Vlastimil Košt'ál den Posten als Vereinspräsident. Zwar lud er sich damit einen Schuldenberg von 900 Millionen Kronen (ca. 30 Millionen Euro) auf, aber das juckte ihn nicht. Die Lösung hatte er längst in der Tasche: Spartas Ausnahmetalent Tomáš Rosický an Borussia Dortmund zu verkaufen – für 25 Millionen Euro. Kurze Zeit darauf war AC Sparta schuldenfrei. Und Košt'ál als erfolgreicher Fußballmanager bestätigt. Was der Schwejk so alles schafft, dachte ich mir!

Während ich dieses Pragkapitel schrieb, googelte ich nach Schwejk im tschechischen Web: Ich gab Švejk ein – heraus kam Košt'ál. Der mächtige Fußballboss ist 50 geworden. Ein riesiges Tamtam. Mit Vorfeier, Hauptfeier, Nachfeier. Am nächsten Nachmittag baute der Fußballmogul mit seiner schweren BMW-Limousine in einem kleinen Ort vor Prag einen Unfall. Genaue Ermittlungen wegen Verdachts auf Trunkenheit wurden unterlassen. Die Polizei erklärte: »Košt'ál roch nicht nach Alkohol«. Der Berichterstatter glaubte einen treffenden Vergleich anzuführen: »Da brachte man den Oberst Feldkurat, bei dem Schwejk als Putzfleck diente, volltrunken nach Hause. Schwejk schnupperte an ihm und stellte fest: ›Rum, Kirschwasser, Wermut, …‹« Der Reporter schloss seinen Artikel mit dem Vermerk: »Ob es die Polizei beim Košt'ál genauso machte und nur Cola Light riechen konnte?«

Ich musste schmunzeln und das tue ich eigentlich immer, wenn ich seinen Namen höre. Ich stelle mir Rumpelstilzchen vor. Wie es fröhlich tanzt und dabei singt: »Ach wie gut, dass

Manneken pis auf pragerisch: Was so große Jungs alles können.

kein Deutscher weiß, was Košt'ál heißt ...« Es bedeutet Krautstängel oder Kohlstrunk – in Tschechien ein ziemlich häufiger Name. Ich muss es Lothar Matthäus sagen, Košt'ál hat sich mit ihm schon getroffen. Der fränkische »Loddar« als Co-Trainer der tschechischen Nationalmannschaft. Das könnte den Schwejk auferstehen lassen!

Und wo, bitt'schön, geht's nun zum richtigen Schwejk? – Die Kneipe *U kalicha* (Zum Kelch) aus dem Buch existiert seit gut einem Jahrhundert schon. Dort zechte der brave Soldat und für dort traf er auch seine berühmte Verabredung: »Nach dem Krieg um 6 Uhr« – ein geflügeltes Wort. 1992, nach der Restitution, bekamen die Nachfahren des ursprünglichen Besitzers die Gaststätte zurück: Die Gebrüder Paul und Tomáš Töpfer. Sie erhöhten die Preise in ihrem Lokal, mit den Originalillustrationen von Josef Lada aus dem Schwejk-Buch an den Wänden, gerade als ich Chefredakteur in Prag wurde. Seitdem machen die Busse aus Leipzig um diese Schwejk-Pilgerstätte einen großen Bogen. »Warum nehmen die Michelin-Päpste von der böhmischen Küche keine Notiz?«, beschwerte sich Töpfer, der Ältere. Deshalb rief er mich seinerzeit als Chefredakteur auch an. »Können Sie dagegen etwas tun?«, fragte er. – »Leider nein, ich kann kein Französisch«, entgegnete ich ihm. Sein Lokal war plötzlich ein heikles Thema. Über die Qualität des dort servierten typischen Nationalgerichts »svíčková« (sprich swietschková) hatten sich die Prager Gourmetkritiker heillos zerstritten. Der Name bedeutet »Kerzenbraten«, hat aber mit dem Wachsartikel nichts zu tun. Er steht für die kerzengeraden Lendenschnitte vom Rind in leicht säuerlicher Sahnesoße. Mit Knödeln und einem Löffel voll Preiselbeeren garniert. Es war mal das beliebteste Sonntagsmahl aller Tschechen. Aber auch diese Legende beginnt zu bröckeln, seitdem es in Prag Hamburger gibt.

Der Schriftsteller Hašek verkehrte in diesem Lokal nie. Er wohnte im Stadtteil *Žižkov* (sprich Schischkow). Zu seinem Stammtisch ging er ins Wirtshaus *U kamenáče* (sprich Kamenátsche = Zum Steinkrug). Dort brachte er die ersten Kapitel seines künftigen Bestsellers »Schicksal des braven Soldaten Schwejk« zu Papier. 1921 siedelte er um aufs Land. Nach Lipnice nad Sázavou, ein verschlafenes Örtchen an der böhmisch-mährischen Grenze, etwa 100 Kilometer südöstlich von Prag. Endlich fand er dort, wonach er sich schon immer sehnte. Ein Haus, wo er im ersten Stock wohnen und unten in der Kneipe *U český koruny* (Zur böhmischen Krone) hocken konnte. In den folgenden drei Jahren befasste sich Hašek nur noch mit Schwejk.

Der Bierkonsum, aber natürlich auch das Schreiben schafften ihn. Den letzten Teil dieser Trilogie konnte er nur noch diktieren. Es ist der schwächste Abschnitt. Die Wirtschaft in Lipnice übernahm 2002 Hašeks Enkel Richard. Die Räume renoviert, mit alten Stücken möbliert, zum Museum des Großvaters erweitert, pilgern die wirklich treuen Schwejk-Fans nun dorthin. Adolf Born feierte dort seinen 77. Geburtstag. Vor rund 50 Jahren erhielt er den Preis Haškova Lipnice, damit feierte sich die Satire-Szene heimlich, weit entfernt von Prag, um kein Aufsehen bei der Zensur zu erregen. Nach 1968 wurde diese Auszeichnung abgeschafft, auf Weisung der KP.

Die Urheberrechte an Schwejk sicherte sich eine gastronomische Gesellschaft in Pilsen. Die vergibt landesweit Lizenzen für Schwejk-Kneipen. In der Provinz ein Renner. Über 50 Filialen sind schon eröffnet. Überall die gleichen Bilder, Möblierung, Speisekarte und Merchandising. Die perfekte McDonaldisierung Schwejks. Auch in Prag gibt es drei solche Lokale, sehr zum Verdruss der Gebrüder Töpfer: »Ist es nicht eine Schweinerei?«, klagte mir Tomáš sein Leid, über die obskure Vermehrung der Konkurrenz genervt. – »Bleiben Sie cool«, riet ich ihn. »Erhöhen Sie nochmals die Preise, dann haben Sie den Laden exklusiv für sich.« – Töpfer entrüstete sich: »Sie reden schon wie Schwejk!« – Früher wär's ein Kompliment gewesen. Jetzt nicht mehr.

10
Drei Sträuße für drei Heilige

Was ist die Liebe? An diesem Ort lässt es sich über Annäherung, Lebensglück und die Wehmut unerfüllter Träume gut sinnieren. Bei Wildschweingulasch und Palatschinken als süßem Abgang.

DER NAME *U TŘÍ PŠTROSŮ* (sprich U trschie pschtrosú) ist für einen Deutschen eine gefährliche Vokabelfalle. Allerdings gehen die deutschen Umlaute einem Tschechen auch nicht gerade leicht von der Zunge: Zu den drei Straußen. So oder so, der Name steht für ein Prager Hotel mit Tradition. In *Malá Strana* liegt es, der Prager Kleinseite mit ihrer Dachlandschaft in allen Schattierungen: von rot über bordeaux bis braun. Wie Orgelpfeifen kommen einem die Schornsteinreihen vor, versetzt mit Gipsvasen, Kupferfähnchen und sich nach dem Wind drehenden Hähnen, aufgesteckt wie Schachfiguren. Die Kirchtürme stehen dann wie König und Dame, aber nicht nur jeweils ein Paar, in Schwarz und Weiß, sondern mindestens ein halbes Dutzend in allen Farben. Eine imposante Partie.

Während der Hussitenkriege 1419 gegen die Burgsoldaten am Hradschin fiel dieses Viertel vollständig in Schutt und Asche. So konnte bei der neuen Bebauung mit Palästen, Kirchen, Bürger- und Konventhäusern eine stilistisch geschlossene Einheit aus Renaissance, Barock und Rokoko entstehen. Nur noch der Kleinseitener Turm der Karlsbrücke trotzt, als ein Überbleibsel der spitzen Gotik, gegen die opulente Barockpracht. Die Kleinseite ist auch der Stadtteil mit den schönsten, für Prag typischen Hauswappen. Vormals, statt einer Nummerierung, signalisierten diese Wappen zugleich, welcher Zunft der jeweilige Hausherr angehörte oder was für einen Handel er trieb. Drei Violinen standen für einen Geigenbauer, der Apotheker schmückte sich mit Kelch und Schlange oder einem schwarzen Adler an der Fassade. Ein Schnapsbrenner hängte eine Teufelsfratze über seinen Eingang, vielleicht als Warnung vor der Wirkung seines hochprozentigen Gebräus. Roter Löwe, kleiner Wal, goldener Hirsch oder Schwan, der Bär, Falke, Lämmchen, der Ochse in Schwarz, der Frosch in Grün deuteten nicht etwa auf Tierhandlungen hin, sondern sie waren Maskottchen. Die goldene Sonne, die steinerne Meerjungfrau, drei Sterne oder nur ein großer Stern in Blau sollten demnach Glück ins Heim bringen.

Ein Haus zu Füßen des Kleinseitener Wachturms an der Karlsbrücke zieren drei Sträuße, jene großen Vögel, in der Ausführung besonders prächtig. Früher wusste jeder, dort wohnt der königliche Hoflieferant für Federschmuck. Der Bedarf war groß, denn ein Hut ohne Feder war wie der Himmel ohne Sterne. So wurde Jan Fux als »fedršmukr« (sprich Fedrschmuckr) ein reicher Mann. Im Erdgeschoss seines Anwesens ließ er 1708 das erste Kaffeehaus auf der Kleinseite einrichten. Die Rechnung des Tischlers Karel Lumpe, die erhalten ist, belegt, dass er vier kleine Tische lieferte. Den echten Orientkaffee füllte ab 1714 der armenische Händler Georgius Deodatus Damajan in die Tassen. Die Prager waren von dem neuen Getränk derart begeistert, dass Damajan bald noch ein zweites Café eröffnen konnte, auf der anderen Seite der Moldau, im Hause »Zur Goldenen Schlange« in der Altstadt.

Das Jahr 1972 war ein goldenes in der tschechischen Sportgeschichte. Beim Heimspiel in Prag wurden »wir«

Viel Kalk: Herr Kratochvíl mit den größten Eiern der Natur

Weltmeister im Eishockey, besiegten im dramatischen Finale unsere Erzrivalen, die Russen. Am nächsten Morgen herrschte Tramchaos: Statt den Liniennummern hatten die Straßenbahnen das Spielergebnis »4:2« auf ihren Anzeigen. Die Zahl des Triumphes, bis heute oft im tschechischen Lotto gespielt. Der Nationalmannschaft der Finnen fiel bei dieser WM eine andere, ehrenvolle Rolle zu: Sie waren die Ersten, die auf der Prager Kleinseite ein neues Hotel, in einem der ältesten Häuser des Viertels, einweihen durften. Über dem Eingang hing das Wappen mit den drei Sträußen. Vom Mietshaus umgebaut, fand die Renaissance Anschluss an die »Resopalzeit«. Diesen Kunststoff mit Holzmuster, tschechisch »Umakart«, verwendete man für Schränke, Türen, Wandverkleidungen. Es sah innen aus wie in den Plattenbauten der Trabantensiedlungen auch. Plastik, im Falle eines Brandes hitzefest bis zu 185 Grad Celsius.

Nach der Wende nahm ich diese historische Adresse in meinen ersten Merian-Live-Reiseführer über Prag in die Top-Ten auf. Die Ausstattung mit Umakart verschwieg ich. Es ging um die Atmosphäre und natürlich die Lage: So dicht an der Karlsbrücke, dass man fast aus dem Fenster die Köpfe der Steinheiligen streicheln konnte. Der Wunsch, hier einmal selbst zu übernachten, blieb lange offen. Die insgesamt 18 Zimmer waren ständig ausgebucht. Ich tröstete mich mit einigen Inspektionen darüber hinweg. Die jeweiligen, häufig wechselnden Hoteldirektoren führten mich durchs Haus. Einer zeigte mir auch das Gästebuch.

Die Einträge konnten sich sehen lassen: Pianisten aus Moskau, Professoren der Königlich Schwedischen Akademie der Wissenschaften, für die Vergabe des Nobelpreises zuständig, italienische Kommunisten, Sozialistenführer aus Chile und der erste Japaner in Prag, alle trugen sich mit begeisterten Widmungen ein. Ich entdeckte auch den Namen von John Dornberg, meinem Nachbarn in der Münchner Kafkastraße. Der Ex-Korrespondent von *New York Herald Tribune* und *Toronto Star* sowie Ex-Chefredakteur von *Newsweek* verfasste als Autor für *Reader's Digest* einen englischen Artikel über dieses Hotel, als es noch »verwanzt« war. Trotzdem empfahl er es mir wärmstens. Jetzt war ich da! Und machte große Augen: Willy Brandt. Auch im Gästebuch. Brandt kam schon seit 1935 nach Prag. Damals gründete er die Ausweichstelle des deutschen sozialdemokratischen Jugendverbandes SVJD in Prags rußschwarzem Fabrikenstandort *Karlín*, nachdem Hitler 1933 in Deutschland die Sozialistische Arbeiterpartei (SAP) verboten hatte.

Im Jahre 1973 kam Willy Brandt wieder, zusammen mit Walter Scheel, um den Prager Vertrag zu unterzeichnen, den letzten Abschnitt in seinem umfassenden Vertragswerk der Ostpolitik. »Trotz meiner Begeisterung für Prag, erwiesen sich die Verhandlungen aber als mühselig und langwierig«, konnte man später in seinen Memoiren nachlesen. Gestärkt nach diesem Kraftakt hat sich der Bundeskanzler und SPD-Chef im Restaurant »Zu den drei Sträußen«, seinerzeit für die beste Küche der Stadt bekannt. Davon muss auch Hannelore Kohl erfahren haben. Auch sie lobte im Gästebuch den »köstlichen Räuberspieß«. Helmuts zustimmende Unterschrift fehlt aber. Hannelore war nach Prag alleine gereist. Mit Vorliebe für eine Metropole, wo kein Mensch sie erkannte.

Geisterstunde auf der Kleinseite. Unauffällig schleicht sie sich in die hereinbrechende Dunkelheit ein. Die Lampen, Todesfallen für Nachtfalter, beginnen wie Irrlichter zu tanzen. Auf der Straße, draußen vor den Fenstern aus bleiernem Bunsenglas der »Drei Sträuße«, sieht man nur Schatten vorbeihuschen. Man hört Lärm, sieht die Schatten dort draußen, erkennt aber nichts und niemanden. Das erzeugt eine mysteriöse Stimmung. Und umgekehrt hat man von außen keine Einsicht, wer da drinnen sitzt. Labt sich nun Egon Bahr am zartesten Stück Schwein alleine oder prostet er gemeinsam mit dem DDR-Spion Günter Guillaume vertraulich Pjotr Andrejewitsch Abrassimow zu, dem damaligen Botschafter der Sowjetunion in Ostdeutschland, rätselte man seinerzeit beim Vorbeigehen. Als damals irgendwann durchsickerte, dass sich Günter Gaus, der westdeutsche Botschafter in Ostberlin, heimlich mit dem Kollegen Kohl, dem Michael, damals Ostdeutschlands höchster Gesandter in Bonn, in diesem Prager Lokal trifft, erreichte die Geheimniskrämerei um die »Drei Sträuße« ihren siedenden Höhepunkt. Die tschechische Stasi, durch die Gleichheit des Nachnamens »Kohl« bei Michael und Helmut irritiert, forschte nach, ob die beiden miteinander verwandt seien. Sollte dies der Fall sein, sollte man versuchen, den Helmut zum Maulwurf in der CDU umzudrehen, schlug der tschechische Geheimdienst den russischen Kollegen vor. Solche Einfaltspinsel überwachten uns!

Gotik zum Anfassen: Kein anderes Hotel in Prag liegt so dicht am Mittelalter.

Dieses Gespräch über die Kohls schnappte der Kellner von *U tří pštrosů* auf und plapperte dann in seiner Stammkneipe *U Glaubiců* darüber. Die Glaubwürdigkeit seiner Geschichte wurde bewiesen durch die Tatsache, dass er bald nach dieser Indiskretion spurlos verschwand. Keiner wusste wohin. Ich traf ihn nach der Wende zufällig wieder. Als Kartenabreißer bei Konzerten in der Nikolauskirche besserte er sich seine mehr als karge Rente um ein paar Kronen auf. Milan hieß er. Gelegentlich führte er Touristen durch die Kleinseite. Mit Vorliebe die Ostdeutschen, weil er so viel über Gaus und Graus der früheren Zeiten zu erzählen wusste, eine nicht versiegende Quelle der »Ostalgie«. Mir erzählte Milan, dass er in den 1970er-Jahren fünf Jahre im Knast saß, ohne Prozess. Danach bekam er nirgendwo mehr als Kellner eine Stelle, musste in einem Heizkeller Kohle schaufeln. »U tří pštrosů war ein konspirativer Ort, wo man auch die Weichen für die deutsch-deutsche Politik stellte – das können Sie so schreiben«, betonte er und gab noch preis: »Ich habe auch Honecker bedient. Er bestellte Wildschweingulasch mit Lorbeerblatt.«

Nach dieser Beichte fragte mich Kellner Milan noch flüsternd: »Erinnern Sie sich an Dolores Ibárruri?« – Ich musste zuerst nachdenken. Aber als Milan ihren Spitznamen »La Passionaria« erwähnte, dämmerte es mir. Revolutionärin, Stalinistin, Kämpferin gegen Franco im spanischen Bürgerkrieg, als kommunistische Parlamentarierin in Madrid ins Moskauer Exil emigriert. Doch selbst dem steinharten Breschnew erschien sie zu radikal. Er schickte sie vorsichtshalber, bevor sie den Kreml anzündete, 1966 auf das Abstellgleis nach Prag. Als die Sowjetpanzer 1968 den Prager Frühling überrollten, erhob Dolores noch in der gleichen Nacht als erste internationale Protagonistin dagegen Protest. Mutig war die Grande Dame der Revolution schon, vor allem schien sie eine große Liebe zur Freiheit zu haben. Nach Francos Tod 1977 kehrte Dolores 80-jährig nach Spanien zurück. Kellner Milan wusste noch: »Bei den Sträußen bestellte sie gern Spanferkel, so was hat's in ganz Prag nur bei uns gegeben«. – Im Lande des Schweinebratens ein Luxus, nur einer Handvoll Parteifunktionären vergönnt.

Dass es sich hinter den mittelalterlichen Bleifenstern der Straußen-Stuben um politische Ränkespiele und diplomatische Spionage handelte, sich dort brisante Geheimtreffs abspielten, wusste ich auch ohne Milans Geständnis. Diese Überzeugung festigte sich bei mir bereits damals, in den 1960er-Jahren, beim Anblick der schwarzen Limousinen mit blickdichten Vorhängen. Solche Tatras und Volgas parkten öfters vor dem Hotel. Ums Eck versteckt warteten finstere Typen. Die Brusttasche jeweils auf einer Seite ausgebeult. Selbsterlebtes hinterlässt Spuren. Diese Bilder, in meinem Kopf festgebrannt, verblassen nicht, weil sie das kaum Fassbare an der Macht widerspiegeln – das Gefühl der Ohnmacht. Es war wie in einem Film Noire: Ein Sozialismus mit düsteren Bildern, entfremdeten Gestalten, verkniffenen Gesichtern.

Solche Bilder tauchen immer wieder auf, wenn ich bei den »Drei Sträußen« sitze. Doch allmählich beginnen sie sich aufzulösen, denn es gibt Erfreulicheres zu berichten. Kürzlich entdeckte ich auf der steinernen Fensterablage drei Straußen-Eier, etwa so groß wie Honigmelonen. »Sind sie auch echt?«, fragte ich den neuen, jungen Ober. »Fassen Sie sie an«, entgegnete er und reichte sie mir herüber. »Festhalten!« – Sie waren schwerer, als ich dachte. Massiv, mit dicker Schale. Wie viel Kalk braucht eine Straußenhenne, bis sich in ihrer Magengrube solch ein Ding aufbaut? Wie viele von solchen Goliath-Eiern legt sie überhaupt? Der Ober war überfragt, doch noch zu jung. Auf einer Silberplatte brachte er dann, was er vorher am Nebentisch auch zwei amerikanischen Ehepaaren angeboten hatte: Appetizer!

Zu mir konnte er das auf Tschechisch sagen: »Jednohubky« – wörtlich übersetzt: Einmäuler! Also Kanapees. Ich nahm ein »mořské očko« (sprich morschské otschko) – ein Meeresäuglein. Es sieht genauso aus: Ein Anchovi auf cremigem Liptauer (pikanter Brotaufstrich aus Schafsquark). »Und bitte noch zwei Stück von diesen hier«, und ich zeigte auf die Häppchen mit geraspeltem Sellerie in Mayonnaise, die es schon im Sozialismus gab – die sogenannten Hummerbrötchen. Kaum jemand aus meiner 68er-Generation, der nicht für diese Delikatesse geschwärmt hätte. Sie nährten meine Liebe zu tschechischen Mayonnaisesalaten. Ich hatte diese Götterspeise über all die langen Jahre im Münchner Exil tatsächlich vermisst.

Aber wieso dauerte es eine halbe Ewigkeit, bis es mit der Übernachtung in diesem Hotel klappte? Vielleicht lag es an einer spirituellen Geisterverschwörung. Wohl musste es im

Öffnet den Magen: Mit Kanapees wächst bei den Drei Sträußen der Appetit.

Hause welche geben – die liebten mich nicht. Doch manche Wünsche erfüllen sich, gerade wenn man sie schon vergisst. Dafür sorgt eine Regie da oben, die Fügung, das Schicksal. Man merkt es, wenn plötzlich das Telefon klingelt und dann ist etwas von allein erledigt, womit man schon nicht mehr rechnete: »Was würden Sie zu ein paar Nächten im Hotel *U tří pštrosů* sagen? Wir laden Sie gerne ein«. Dieses Angebot machte mir Miroslav Rončák, der Direktor von CzechTourism in Berlin. Danke! So saß ich nun endlich als Hotelgast vor den Sellerie-Kanapees, bestellte danach eine südböhmische Pilzsuppe, ebenfalls eine Spezialität des Hauses. Mit bissfesten Kartoffeln und viel Majoran. Mein allerliebstes Gewürz.

Als süßen Abgang nahm ich die böhmischen Palatschinken. Meine Liebe zu Palatschinken ist grenzenlos, aber nicht ohne Reue. Das schlechte Gewissen begann mich zu plagen, kaum lag ich rücklings auf meinem Bett im Zimmer Nummer 9. Ich wälzte mich hin und her und konnte nicht einschlafen. Durch das Fenster blickte ich auf drei Steinheilige, sie straften mich, den Palatschinkensünder, mit Missachtung. Der heilige Salvator, der heilige Cosmas und der heilige Damian drehten mir den Rücken zu. Die letzteren zwei gelten als die Schutzpatrone der Ärzte. Dem heiligen Salvator in der Mitte klemmt ein schweres Steinkreuz im Arm. Als Heiligenschein ragen drei spitze Kronen aus seinem Haupt. Aus Goldmessing, das in der nächtlichen Dunkelheit so mystisch strahlt, als würde es von einer himmlischen Lichtquelle beleuchtet. In Prag schützt er die Liebenden, sagt man. Vielleicht führt er hier heimlich ein Doppelleben, denn eigentlich gehört Salvator den strengen Jesuiten an. Liebe erfuhr dieser Orden nie!

Was ist eigentlich die Liebe? Der vorletzte Direktor von diesem Hotel erzählte mir darüber eine merkwürdige Geschichte. Zwei Amerikaner, ehemalige Stammgäste, waren gut 15 Jahre lang dem Haus der drei Sträuße treu. Er Professor für Literatur an der Universität in Princeton, sie Expertin für die Sammlungen ägyptischer Kunst. Er eingeladen von der Karlsuniversität, sie vom Nationalmuseum am Wenzelsplatz. So war der Stand der Dinge bei ihrer ersten Begegnung hier im Hotel. Noch in der sozialistischen Ära, irgendwann Mitte der 1980er-Jahre. Was Direktor Kratochvíl über die beiden hoch geschätzten Ehrengäste wusste, stammte zum Teil schon von seinem Vorgänger, der wiederum erfuhr einiges von seinem Vorgänger. Eine Legende also, die sich bis zu mir mündlich überlieferte.

»Erst wohnten sie in zwei Einzelzimmern, dann erschienen sie schüchtern an der Rezeption und fragten nach einem Doppelzimmer«, erinnerte sich der Hoteldirektor Kratochvíl, was soviel heißt wie Kurzweil. »Das Eckzimmer Nummer 4 war zufällig frei, wir nennen es unsere Suite.« – Direktor Kurzweil zeigte es mir gerne. Er war selbst in dieses Zimmer verliebt. »Schauen Sie«, schwärmte er und riss beide Fenster weit auf. »Stehen Sie hier nicht wunderbar?« – und zeigte dabei auf Cosmas, Damian und Salvator. Direkt auf Augenhöhe. »Herrlich!«, frohlockte Herr Kurzweil und machte noch auf die Balkendecke aufmerksam: »Anfang 1600, Malerei aus der Renaissance, alle Möbel echte Antiquitäten. Der Gobeline könnte in der Nationalgalerie hängen, so wertvoll ist er!«

Und hier ist es auch geschehen! Aus dem Literaturprofessor und der Mumienforscherin wurde ein Liebespaar. Es begann sich fortan regelmäßig in Prag zu treffen. »Immer bei der Abreise buchten sie schon das gleiche Zimmer für das nächste Jahr immer zur gleichen Zeit (im Wonnemonat Mai), und lachten, mal sehen, ob wir auch wirklich kommen.« – Und sie kamen wieder. Immer für vier Tage und drei Nächte. Und jedes Mal gaben sie sich unglaublich verliebt, turtelten wie die Täubchen, von denen es auf der Karlsbrücke keine gibt. Dort flattern nur die Möwen, wie in einem Überseehafen.

Alle Sünder müssen irgendwann beichten. Irgendwann schüttete das Paar sein Herz dem Direktor Kurzweil bei einem Glas Rotwein aus. Verheiratet waren sie beide, ihre Ehepartner wussten von ihrer heimlichen Romanze in Prag nichts. An Scheidung würden sie aber auch nicht denken, meinten sie beide übereinstimmend. Es sollte alles so bleiben, wie es ist, einmal im Jahr ein Liebesrausch voller Romantik, hinter dem Rücken der Steinheiligen, das war der Kick. Nur dieses einzige Hotel auf der ganzen Welt konnte für die beiden so etwas aufregend Einmaliges bieten. Aber wie der Teufel so will …

Die Erbengemeinschaft, die 1992 dieses Straußen-Haus im Rahmen der Restitution zurückerstattet bekam, zerstritt sich irgendwann im Laufe der Jahre über die Art und Weise, wie man dieses Hotel führen sollte. Luxus pur oder moderater Komfort, eine neue Belüftung oder vielleicht doch Antiquitäten für jedes Zimmer. Es ging hin und her, stets beim opulenten Mahl in der Ritterstube. Als Direktor Kratochvíl für die anhaltende kulinarische Selbstbedienung eine Rechnung präsentierte, wurde er gefeuert. Das Management für die »Drei Sträuße« übernahm ein Reisebüro, das größte in der tschechischen Republik, das über sieben eigene Hotels verfügt und Betten in weiteren 150 Herbergen disponiert. Und so ist es geschehen: Als dieses moderne, kuriose Romeo & Julia-Paar aus Amerika wieder an der Rezeption ihres Stammhotels zu den drei Straußen stand, war ihre Liebessuite anderweitig vergeben. Eine Panne.

An Goodwill mangelte es nicht. Man bot ihnen sofort als Ersatz ein Hotelzimmer im Prager 3. Bezirk *Žižkov* (Schischkow) an, pries auch den dortigen Jugendstil. Aber es half nicht. Die Enttäuschung war zu groß. So beschlossen die beiden kurzerhand fremdzugehen, begaben sich über die Karls-

Sächsischer Hof: Schon zu Zeiten Rudolfs II. eine geschäftige Ecke

brücke auf die andere Moldauseite. Dort steht das Prager *Four Seasons*. Präsident Havel persönlich initiierte dieses Projekt, als er bei der Einladung seines Amtskollegen Bill Clinton feststellte, dass Prag über kein wirklich luxuriöses Fünf-Sterne-Hotel verfügt. Aus dem sofort ausgeschriebenen Wettbewerb ging eine kanadische Gesellschaft als Sieger hervor. Deren Architekten glückte ein Aufsehen erregender Wurf: Drei Blocks, von Barock bis Postmoderne, unter einem Dach zu vereinen. Inzwischen rühmen sich die Prager »Vier Jahreszeiten« mit namhaften Hollywood-Stars als Gästen: Johnny Depp, Bruce Willis, Angelina Jolie, Brad Pitt, Vin Diesel, George Clooney sowie Daniel Craig, der neue perfekte James Bond. Und was der Demokrat Bill Clinton nicht mehr in Prag erlebte, gönnte das Schicksal dem Republikaner George W. Bush – die Präsidentensuite mit Blick auf den Hradschin samt der Spiegelung in der Moldau.

Hier also stiegen die beiden Liebenden ab, von den drei Sträußen herübergewandert. Hier lernte ich sie auch per Zufall an der Bar kennen: David und Ruth. Ich blätterte in dem gleichen Buch wie die beiden: »Prague my Love«. Es ging darin um die »hidden corners«. Gemeinsames Interesse verbindet. Wir kamen ins Gespräch. David, schon ergraut, mit einem ulkigen Chaplin-Bärtchen unter der Nase, trug ein besseres Sportsakko. Sonst war der Herr Professor bereits von der Last der Jahre gezeichnet. Doch die gut geputzten Schuhe, feinste italienische Marke, flößten Respekt ein. Ruth war mollig und untersetzt, das krause Haar kurz. In knallengen Leggins drehte sie sich flott auf ihren flachen Ballerinas. Ich staunte über David und Ruth und ihre Begeisterung für Prag, konnte mir aber nicht vorstellen, wieso ausgerechnet zwei so unauffällige, distinguierte, akademisch korrekte Leute von Amors Pfeil getroffen wurden. Wo blieb ihr Schutzpanzer?

Mir fiel bei diesen Überlegungen Ivan Klíma ein. Der Prager Schriftsteller, Achtundsechziger, einer der Mitinitiatoren des Prager Frühlings, befasst sich in seinen Erzählungen mit solchen Menschen wie David und Ruth, die sich entscheiden müssen, ob sie es wagen, ihr bisheriges Leben für die Liebe aufzugeben oder für immer aufeinander zu verzichten.

David und Ruth lebten über Jahre hinweg mit einer sonderbaren Liebesillusion, von der Romantik eines Hotelzimmers mit Blick auf drei Steinheilige genährt. Keiner hat sich getraut, einen neuen Weg einzuschlagen, es dem Ehepartner zu gestehen, dass es in ihrem Leben noch eine andere Liebe gibt. Als wir an jenem Abend uns eine gute Nacht wünschten, war ich fest entschlossen, sie am nächsten Tag nach den Motiven für ihre exzentrischen Rendezvous zu befragen. Ich wollte über ihre Sehnsucht nach Lebensglück, die sich auf drei Nächte und vier Tage im Jahreszyklus konzentrierte und auch beschränkte, eine Erzählung schreiben – so nach Klímas Art, gespickt mit Fatalismus, Aberglaube und Schicksal, unverwechselbare Prager Zutaten.

Am nächsten Tag, es war schon ziemlich spät, als ich zum Frühstück kam. David und Ruth traf ich nicht. An der Rezeption sagte man mir, die beiden seien bereits in aller Frühe abgereist. »Aber sie hatten doch für drei Nächte gebucht«, warf ich ein. Die rothaarige Rezeptionistin zuckte mit den Achseln. »Nach der ersten Nacht sind sie abgereist.« – »Zusammen?« – »Nein, getrennt.«

War es damit aus? Hat die sonderbare Liebesromanze den Ortswechsel nicht verkraftet? Hat der Schutz des heiligen Salvators gefehlt? – Ivan Klíma kam mir wieder in den Sinn. Nach dem Ende des Prager Frühlings emigrierte er nach Amerika. 1970 kehrte er nach Prag zurück. Bis zur Wende durfte er nicht publizieren. Verdammt lange 19 Jahre. War das der Preis für seine Liebe zu Prag? Dazu schrieb er einen bemerkenswerten Satz: »Solange es eine Illusion gibt, stirbt die Liebe nicht.« – Und ich komme allmählich zu der Ansicht, Gott schützt nicht die Liebenden, sondern ihre Illusion, damit sie sich nicht zerstört und möglichst lange hält.

11
Tot oder lebendig

Ein blutiges Ritual kündigt das Fest des Friedens und der Versöhnung an. Oh du Fröhliche, oh du Selige! Die gnadenbringende Weihnachtszeit beginnt auf dem Karpfenmarkt.

AUCH DIE PRAGER, in der EU-Zeitrechnung angekommen, werden älter. Die Rentnerschwemme (Unwort des Jahres 1996) hat auch diese Hauptstadt der Illusion erreicht. Andererseits sichern diese »Best Ager«, diese »Silver Generation« und »Woopies« (well off old people) soziologisch, dass ein Klassiker der tschechischen Weihnachtstradition noch lange seinen Bestand haben wird. Und dies beginnt schon beim Einkauf der traditionellen Speise für den Heiligen Abend. Kein Fest ohne Karpfen, kein Prager ohne eine Geschichte über dieses »Schwein des Süßwassers«.

Blut. Frisch, kalt, klebrig. Eine schreckliche Woche beginnt. Kurz vorm Heiligen Abend. Es herrscht die pure Barbarei, das Mittelalter kehrt zurück auf die öffentlichen Straßen, samt Mord und Totschlag. Mit einem Hammerschlag auf den Kopf werden sie getötet, diese bedauernswerten Geschöpfe. Wie brutal. Münder klaffen offen vor Schreck. Vorwurfsvoll starren glasige runde Augen auf die Gaffer. Und von hinten hört man Gemurmel aus der Menge: »Gestern waren sie viel größer und dicker. Sind die heute aber mickrig.« – Die Prager Seele kocht angesichts eines heringsdünnen Karpfens.

Der weihnachtliche Karpfenmarkt zählt traditionell zu den besonderen Attraktionen der »Goldenen Stadt«. Die schweren Holzbottiche, mit wuchtigen Eisenreifen beschlagen, stehen an historischen Plätzen. Zum Beispiel unter den Arkaden am *Uhelný trh* (Kohlenmarkt), wo einst Mozart wohnte, oder am *Ovocný trh* (Früchtemarkt) hinter dem Ständetheater, wo dessen Oper »Don Giovanni« 1787 uraufgeführt wurde. Mit den goldglänzenden, schillernden Schuppenbäuchen nach oben gedreht, dümpelt der begehrte Festschmaus im blubbernden Wasser am »Altstädter Ring« (man sagt nur kurz »Staromák«) oder beim *Zlatý Anděl* (Goldenen Engel), dem neuen, coolen Shoppingzentrum aus Aluprofilen und Glas im Stadtteil *Smíchov*, wo Mozart in der Sommerfrische Bertramka seine Overtüre zum »Don Giovanni« in der letzten Minute komponierte.

Es zischt, sprudelt, gurgelt. Lange Schläuche winden sich am Pflaster zu den Feuerwehrhydranten, um die Bassins mit Frischwasser zu versorgen. Die Karpfen werden allesamt aus Südböhmen herangekarrt. Dort, behaupten die Tschechen, gibt es mehr Seen, Teiche und Weiher als in Finnland. Jedenfalls stammt die böhmische Karpfentradition aus dieser verträumten Gegend der Burgen, Schlösser und Wehrtürme rund um das malerische Städtchen Třeboň (Wittingau). Hier begann man bereits im frühen 14. Jahrhundert, die träge, dickbäuchige Fischart zu züchten, die sich nur in dick bewachsenem, schlammigem Morast wohlfühlt. Die Herkunft des Karpfens führt zum Kaspischen Meer, daher der lateinische Name Cyprinus carpio carpio, und insofern ist er auch ein echter Ostfisch. Als Ersatz für die damals von der Pest hingerafften Schweine verbreitete er sich von Südböhmen aus in ganz Europa. Der Karpfen war sozusagen der erste EU-Beitrag der Tschechen. Und weil das weiße Fleisch ähnlich wie das von jungen Ferkeln schmeckte, nannte man einst diese Fischsorte die »Schweine des Süßwassers«.

Das Ritual des Karpfenschlachtens auf offener Straße ist in der tschechischen Literatur vielfach beschrieben worden: Der dumpfe Schlag mit dem Holzhammer, wie der Fisch ausgenommen und die Innereien, der Bauch, die Blase und die ungenießbaren Nieren und die Leber auf dem Pflaster landen, von den Fischergesellen in Henkersmanier hingeworfen. Illustriert wurde diese Prozedur am schönsten von Josef Lada, dem Zeichner mit dem dicken Strich, der die Abenteuer des braven Soldaten Schwejk für die Originalausgabe unvergesslich bebilderte.

Kaum einem Prager Schriftsteller entging, wie die Katzen sich die weggeworfenen Fischabfälle schon in der Luft schnappten. Von dem Mahl gesättigt, lagen sie träge da und schleckten ihre blutigen Pfoten sorgsam sauber, in irgendeinem der geheimnisvollen Prager Durchgänge. In Ecken unter den gotischen Gewölben dösend, von tiefen, dunklen Schatten geschützt, verdauten sie ihre lukullischen Happen. Niemand wäre so ein Grobian, sie dabei zu stören. Heute beherbergt Rom mehr Katzen als Prag. Dafür führt Prag die europäische Rangliste als Hundestadt an. Seinen Dackel lässt man an diesen Tagen aber lieber zu Hause, denn die zappelnden Karpfen in den Riesenbottichen machen die meisten Kläffer vollkommen kirre.

Und so verläuft die Prager vorweihnachtliche Einkaufshektik. Wenn man Parfüm, Playstation, Plüschtiere, PowerBooks und Paperbacks besorgt hat, muss der Karpfen her. Um die ersten Bottiche an den Straßenecken drängen sich Kunden schon im nebligen Morgengrauen. Mit Glühwein oder Grog schützen sie sich gegen die nasse Kälte. Aber diese Menschenschlangen assoziiert man nicht mehr mit den wartenden Massen des verlorenen Sozialismus. Es ist, als stünden hier verträumte Prager aus einer viel früheren Zeit um die Schlachtbänke, wo das Blut fließt. Und so manche alte

»Schwein des Süßwassers«: Ein Karpfenstand in der Prager Altstadt

Geschichte wird dabei aufgefrischt. Bei diesem Schlangestehen beginnt die eigentlich festliche Zeit, die Uhren bleiben mental für einige Momente stehen.

Je später der Tag, desto magischer die Atmosphäre. Als würde sich der ganze High-Tech-Kram von selbst ausschalten. Der Prager vergisst die reale Welt, denkt nicht mehr an Joint Venture und Globalisierung. Alle reden ausschließlich von »kapr«, vom Karpfen, wie er auf Tschechisch heißt. Sogar am Handy spricht man darüber. Wie er im letzten Jahr war und wie er heuer sein wird. Zum Beispiel fetter, größer, goldener, mit der Glücksflosse auf der linken Seite oder besonders langen Bartfäden an der rüsselartigen Oberlippe, die er vorstülpen kann, als wolle er sprechen oder nur ein Küsschen geben.

Viele Prager sind richtige Karpfenexperten. Sie kennen die Sorten genau und wissen, dass die Schlundzähne dreireihig sind. Und die Schwanzflosse, aber das sieht schon jeder Laie, deutlich zweizipflig im Wasser wedelt. Und seit dem Kinohit aus Hollywood gilt es als originell, die Erfolgsmeldung »Nemo gefunden« durchzugeben, wenn man den Idealtyp eines prachtvollen Karpfens gefunden hat. Gemeint ist das persönliche Exemplar, das man sich optisch ausgesucht hat. Zwar sind alle Karpfen im Prinzip gleich, aber manche passen zu einem besser, meint man. Kaum hat man sich das Objekt ausgeguckt, beginnt das große Fiebern, dass es nicht ein anderer einem vor der Nase wegschnappt.

Wenn es jedoch um die endgültige Wahl geht, zeigen Verkäufer und Kunden erstaunlich viel Geduld. Diesen oder jenen, lieber einen Schuppen- oder eher einen Spiegelkarpfen? Wie es Euch gefällt! Shakespeare könnte Pate stehen bei diesen Stegreifkomödien. Ein Fisch wird herausgezogen aus dem Bottich und vorgezeigt, von allen Seiten begutachtet. Kein Detail entgeht den karpfenscharfen Blicken der Kun-

Henkersgesellen: Die Karpfenschlacht ist nichts für sensible Seelen.

den. Passt etwas nicht, flutscht der Dickmäuler wieder in das Sammelbecken. Es sei denn, einer ruft: »Lassen Sie ihn schon draußen, der gefällt mir«.

Dann folgt die Schicksalsfrage: »Tot oder lebendig?« Letztere Option wählen die eingefleischten Traditionalisten. Es gibt unzählige Anekdoten über lebendig in einem Einkaufsnetz nach Hause getragene Karpfen und ihre letzten Stunden daheim. Lustvolle Seiten sind dieser Beute gewidmet, die mitunter bis zu fünf, sechs Kilo auf die Waage bringt, wahrhaft ein riesiger Otto. »Ich hatte mal vor Jahren einen erwischt«, erzählte mir der Prager Verleger Jan Vašuta (sprich Vaschuta), »der bekam einen Tobsuchtsanfall und zertrümmerte das Waschbecken«. Auch solche Kandidaten gibt es, die Selbstmörderkarpfen.

Der Schriftsteller Bohumil Hrabal erinnerte sich: »Wie haben wir bloß gestunken, so kurz vor Weihnachten!« Denn zu seiner Zeit konnte in vielen Haushalten niemand baden, weil in der Badewanne der Karpfen wohnte. Sehr zur Freude der Kinder, die sich plötzlich nicht waschen mussten, manchmal eine ganze Woche lang. Sie kitzelten den Königsfisch fröhlich am Bauch, horchten mit dem Ohr am Wasserspiegel, ob er vielleicht flüsterte, vielleicht sogar leise fromme Weihnachtslieder vor sich hin sang oder doch nur stumm seinen Mund bewegte.

Und ganz heimlich versuchte man herauszufinden, ob es sich um eine männliche oder weibliche Spezies handelt. Aber wie stellt man so was bei einem Fisch fest? Darüber schwiegen die zoologischen Lehrbücher damals noch. Die Eltern zu fragen traute man sich nicht, wahrscheinlich hätten sie es auch nicht gewusst. Es waren noch prüde Zeiten. Und so flossen die wildesten Gerüchte ins Karpfenwasser, und was man sich am Schulhof darüber erzählte, war mehr als pubertärer Unsinn. So hatte die böhmische Weihnacht unbeabsichtigt auch eine Tabu-Seite, nämlich, wie es wohl um das

Die »Hunderttürmige«: Wer es nicht glaubt, kann nachzählen.

Liebesleben der Karpfen bestellt ist. Nur die allerwenigsten wussten darüber Bescheid.

Die Freude, dass ein Prachtstück von diesem Wasserschwein endlich in der Pfanne landen würde, überwog den traurigen Abschied. Mancher der Älteren erinnert sich an die Tränen, die er in seiner frühen Jugend über der Badewanne vergossen hat. So melancholischen Gedanken hing ich auch nach, als ich zuletzt beim Pragbesuch wieder über einem solchen Mega-Bottich stand und den Karpfenexodus beobachtete. Dabei hörte ich zuerst Gott, den Karel, mit seinen Adventsliedern aus den Freiluft-Boxen und dann ein Gespräch am Handy hinter mir: »Wenn wir ihn lebendig mitnehmen, wer soll ihn daheim dann töten?«

Ja, das ist das Problem, das es zu lösen gilt. Alle Jahre wieder. Und das wollen sich die Tschechen auch nach dem EU-Beitritt nicht nehmen lassen. Brüssel versucht schon, gegen dieses Ritual Veto einzulegen. Aber die Tschechen wehren sich: Der öffentliche Karpfenmord soll bleiben. Ja, ein bisschen Angst mischt sich doch in diese traditionelle Weihnachtsatmosphäre, nämlich die, wie man als traditionsbewusster Tscheche in der EU künftig verstanden werden wird. Denn, wie schon seinerzeit der Urprager Hrabal, ein alter Zyniker, notierte: »Was der Tscheche liebt, das tötet er«. Es war nicht nur der Weihnachtskarpfen gemeint.

12
Der Paradiesvogel vom Mauseloch

Im Sozialismus hatten alle den gleichen Blaumann, bei einigen war er aber aus Kaschmir. Über eine prominente Begegnung am Ort meiner jugendlichen Mutproben.

EIGENARTIG SIND SIE MANCHMAL, die Prager Geräusche. Häufig klingen sie nicht danach, wodurch sie entstehen. In der Haarnadelkurve »Pod Bruskou« (Unter dem Schleifstein) auf der Kleinseite nistet solch ein paranormales Akustikphänomen, wahrscheinlich durch aufprallende Schallwellen in der Schlucht ausgelöst. Es ist ein schöner, ein malerischer Ort. 1780 stand hier das nördliche Tor zu Prag. Der Fuhrweg hindurch war mehr als halsbrecherisch, steil und eng. Um 1831 wurde in den Basaltsteinfels eine langgezogene Serpentine gehauen, um das gefährliche Gefälle durch einen langen Bogen abzumildern. Nach der Jahrhundertwende wurden hier die Gleise für die Tram gelegt. Die Strecke, wo dieses sonderbare Echo hallt, mutet beinahe alpin an, entlang einer Naturwand, die das Kleinseitener Häuserlabyrinth von hinten abschließt und damit dem Besucher dieses Stadtteils eine heimelige Geborgenheit vermittelt.

Die Linien 18, 22 und 23 nehmen diesen Weg zum Hradschin hinauf und zurück. Ob der Elektromotor kraftvoll aufheult, um den Berg zu bezwingen, oder umgekehrt bei der Talfahrt die Bremsen schleifen, für mich hören sich diese Fahrgeräusche wie Meeresrauschen an. Es brandet und schäumt. Daran liegt es wohl auch, dass mir das Haus, das ich gerade betrete, wie ein Schiff vorkommt. Ein Hauch der »Queen Mary« umgarnt mich: Mahagoni, Chrom, Marmor, der rotgemusterte, weiche Teppich, der die Schritte schluckt, die grüne Schirmlampe an der Rezeption, die schweren Messinganhänger an den Schlüsseln. Alles erinnert an die Ausstattung eines nostalgischen Ozeandampfers. Auch der Blick aus dem Fenster lässt sich durchhaus für ein Hafenpanorama halten. Eine Illusion, durch die hohen Felswände rundum hervorgerufen. Auf einer Anhöhe über dieser bergigen Bucht ragt ein imperialer Palast mit einem antiken Portikus und tempelähnlichem Dreieckdach empor. In seinem verlassenen Zustand fast eine halbe Ruine aus der Antike. Die Tannen oben auf dem Wall sehen wie Palmen aus. Im Spalier stehen sie stramm, wie auf einem alten Gemälde. Das romantische 18. Jahrhundert hat einen in dieser Ecke wieder.

Dekorieren muss sein größtes Vergnügen sein. Noch kenne ich ihn nicht, aber ich sehe das Ambiente seines Hauses, das er als Hotel führt. Sein Vater, Adolf Hoffmeister (1902-73), war eine der großen Kulturpersönlichkeiten der Nation. Am bekanntesten sind seine Karikaturen. Der klare Strich für monströse Schädel, wulstige Lippen, kantige Ohren, filigrane Nasen, unheimliche Augen in schiefen Perspektiven erinnern vage an Picasso. Hoffmeister war keiner, der seinen zur Überzeichnung gewählten Personen mit übermäßigem Respekt begegnete, ob sie nun Dalí, Beckett, Hemingway, Masaryk oder Chaplin hießen. Knapp 6000 Arbeiten hinterließ er. Schon der erste Eindruck, die Bilder, Collagen, Zeichnungen und Memorabilien an den Wänden überall, gibt einem das Gefühl, einen Schatz entdeckt zu haben.

»Nur ein paar Minuten. Herr Hoffmeister kommt gleich, er ist noch in der Küche«, lässt man mir ausrichten. Es geht um den Sohn. Ich habe an der Rezeption nach ihm gefragt. Also warte ich. In einen weichen Clubsessel eingesunken, werden Jugenderinnerungen wach. Mehr als 40 Jahre ist das jetzt alles her. Ich fuhr hier täglich mit der Tram vorbei. Es war die Strecke von meiner Wohnung in *Dejvice* zum Konservatorium am rechten Moldau-Ufer, wo ich studierte. Eines Tages hörte ich, bevor die Tram oben zur Talfahrt ansetzte, meine innere Stimme flüstern: »Spring!« Der Ruf wiederholte sich, wurde immer lauter und zwingender, bis er wie ein unausweichlicher Befehl klang. Als ich zögerte ihn auszuführen, mischte sich hämisches Gelächter hinein: »Feigling, Feigling, …« Irgendwann hatte ich keine andere Wahl. Ich sprang! Wie alle anderen Jungen auch, um mein Gesicht nicht zu verlieren.

Es war die Mutprobe! Und zwar zu einer Zeit, als das Surfen auf den dahinsausenden S-Bahn-Dächern noch nicht erfunden war. Außerdem gab es solche Schnelllinien in Prag überhaupt nicht. Dafür aber noch genügend von diesen herrlich alten Straßenbahnzügen mit offenen Waggons aus den 1930er-, sogar noch 1920er-Jahren. Bei den Schienenmodellen aus Großvaters Zeiten konnte man draußen auf dem Trittbrett stehen, sich an der Stange festhalten, daran baumeln oder lässig abhängen und sich dabei den Fahrtwind um den Schopf wehen lassen. Das erste Cabrio-Gefühl schlechthin.

Aus diesem Trittbrettfahren entwickelte sich irgendwann ein Sport. Und zwar, während der Fahrt, vor dem Beginn der Haarnadelkurve, aus der Tram zu springen, durch den geradewegs nach unten führenden Schluchtpfad zu rennen und wieder die gleiche Tram zu erwischen. In der Talsenke *Klárov* oder oben an der Bergstation *Chotkovy sady* – egal. Diese steile Abkürzung nannte man »Mauseloch«. Es war der alte Hohlweg, den Feldmarschall Albrecht von Waldstein (Wallenstein) 1630 als einzige Verbindung zwischen der Kleinseite und den Weinbergen von *Dejvice* in den Hang graben ließ. Über diesen löchrigen, krummen Asphaltpfad spurtete man, mal von oben nach unten, dann wieder von unten nach oben, und stellte nebenbei Rekorde auf. Nicht nur das Tempo zählte, sondern auch die Lässigkeit, wie man sich von der Tram abseilte und sie wieder enterte. Den Nervenkitzel steigerte der vorbeifließende Verkehr. Je dichter, umso stärker war der Adrenalinausstoß, um durch eine Lücke zwischen zwei Autos zu schlüpfen und im »Mauseloch« zu verschwinden.

Martin Hoffmeister kommt und reißt mich aus meinen Gedanken. Er ist ein stattlicher Mitfünfziger, trägt eine graue

Nostalgie pur: Die alte Tram kommt nur noch am Sonntag als Sonderzug.

Kordhose und ein kariertes hellblaues Hemd unter dem grün-braun gesprenkelten Sakko mit den Knöpfen aus geflochtenem Nappaleder. Der leicht angegraute, struppige Bart täuscht nicht, er ist seinem Vater wie aus dem Gesicht geschnitten. »Gerade dachte ich daran, wie ich als Student vor ihrer Haustür von der Tram sprang und den steilen Weg nach oben hinaufrannte …«, sprudelt es aus mir heraus. Hoffmeister lacht: »Ja, das war die Rennbahn«, und fügt hinzu: »Im Sommer gab es einen Eisstand hier. Die Schnellsten auf dieser Strecke holten sich noch ein Eis, bevor sie wieder auf die Tram sprangen.«

Bei den Heimspielen fallen die Zeitbarrieren. Man erzählt sich plötzlich Dinge, die weit in der Vergangenheit zurückliegen, als wären sie Gegenwart. »Der Kiosk hieß *U sportovce* (Zum Sportsmann)«, fährt Hoffmeister junior fort: »Der Besitzer war ein Italiener, ein Gewichtheber, ich glaube, er hatte sogar an einer Olympiade teilgenommen. Mit der Hantel hatte er seinen Kiosk dekoriert. Sie lag oben auf dem Dach.« Mir begann zu dämmern, welche wilden Gerüchte sich um diesen »Gelaterieri« rankten: »Man munkelte, er wäre ein Stasi!« »Ein Spion!«, korrigiert mich Hoffmeister. »Natürlich«, stimme ich ihm zu, »anders konnte kein Mensch begreifen, wieso jemand von den Behörden die Erlaubnis bekam, eine Eisbude zu betreiben, noch dazu die einzige in ganz Prag«. An Hoffmeisters Mundwinkel zuckt ein Schmunzeln: »Er muss ein Doppelagent gewesen sein, der Kiosk war der tote Briefkasten …« »Wissen Sie, was aus ihm geworden ist?«, frage ich. »Sie kennen doch die Geschichte, alle Agenten werden erschossen …«, antwortet Hoffmeister mit dem Schelm im Nacken.

Der italienische Eismacher als der »Schakal« von Prag. Könnte noch ein Agenten-Krimi á la Frederic Forsyth werden, denke ich mir. Aber solche Stoffe liegen in Prag an jeder Ecke zuhauf. Doch hier am »Mauseloch«, spüre ich, geht es eher um einen Schicksalsroman. Hoffmeister erzählt schon: »Wir wohnen hier seit den 1950er-Jahren. Irgendwann erlaubte man meinem Vater, sich den Dachstuhl als Atelier auszubauen.« Und plötzlich läuft auch dieser Film bei mir an: »Ano«, sage ich, das heißt »Ja« auf Tschechisch: »Das Glasdach fiel mir damals auf.« Den Rest meiner Gedanken behalte ich aber lieber für mich. Nämlich, wie das Volk in der Tram die baulichen Veränderungen an diesem Eckhaus kommentierte: »Da schau' hin, dort muss ein ganz dicker Kommunist nisten, dass der sich so was leisten kann, dass man ihm so was überhaupt erlaubt ...« Alle hatten einen Blaumann an, nur manche trugen eben einen aus Kaschmir. Das brachte in dieser überall observierten und kontrollierten Welt den Kollektivneid zum Ausbruch. Das Glasdach vom »Mauseloch« war so ein Stein des Anstoßes.

Ich wusste damals nicht, dass der Hausherr Adolf Hoffmeister war. Schon seit ich als Kind in der Buchhandlung eines von seinen illustrierten Büchern entdeckt hatte, war ich sein Fan. Die surrealistischen Monster, zersplitterte Collagenbilder von Paris, wo sich am Himmel von Notre Dame das Straßenpflaster fortsetzte und vor dem Domeingang die Fische durch die Luft flogen, die Katzen mit Champagner feierten, dieses Buch wünschte ich mir sofort. Den Selbstmörder, der an seine Stirn einen Revolver drückte, auf dessen Lauf ein Vogel hockte, diesen Cartoon habe ich aus dem Gedächtnis mehrmals nachgezeichnet. Und seit ich seine Collagen gesehen hatte, war vor meiner Schere kein Magazin und kein Bilderbuch mehr sicher. Schnippeln und Kleben wurde zu meiner großen Leidenschaft (bis heute). Meine Eltern machten sich damals Sorgen, dass ich mit dem Klavierspielen aufhören und stattdessen Grafiker werden würde. Doch es schlugen zwei Seelen in meiner Brust. Das Musikertemperament gewann schließlich die Oberhand.

In Hoffmeisters Büchern sah ich auch zum ersten Mal Reisende im Tropenhelm zu den Pyramiden marschieren, was meine Sehnsucht nach fernen Ländern zu schüren begann. So wie er wollte ich eines Tages auch sein, jene herrliche Welt der Dichter, Gourmets, Lebenskünstler erleben, in Begleitung von eleganten Damen, in leichte Chiffonkleider gehüllt, mit der Zigarettenspitze in der Hand und Perlenketten um den Hals. Und auch mal in Paris auf dem Eisenrost wollte ich stehen, »wo drunter die Metro so rauscht, als würden dort Flugzeuge fliegen«. – Ja, Herr Hoffmeister, wo Sie nun oben im Himmel sind, Sie sind schuld, dass ich dem Marxismus so jung schon verloren ging. Und weil er so eine wichtige Rolle in meinem Leben spielte, muss ich doch näher auf seine Person eingehen.

Adolf Hoffmeister war ein Universalmensch: Dichter, Dramatiker, Grafiker, Maler, Illustrator, Journalist, Kunstkritiker, Reiseschriftsteller. Dafür hatte ihm die Fortune alle Möglichkeiten in die Wiege gelegt. Sein Vater war ein berühmter Prager Anwalt, reich auch noch. Das auffällige Eckhaus in der Neustädter Spálená Straße 4 ließ er 1913 erbauen. Es sieht genauso aus, wie es heißt: »Diamant«, ein Juwel des Kubismus, auf den Hochglanzseiten aller Architekturbände über Prag abgebildet. Die Attika auf dem Dach wird von Statuen und Triumphvasen geschmückt. Die Fassade ist wie ein Halsband aus lauter ineinanderschließenden Dreiecken gegliedert. Aus solchem kunstsinnigen Milieu stammend, zählte der begabte Anwaltssohn Adolf mit zwanzig schon als jüngstes Mitglied zum Kunstverein Devětsil (sprich Devjetsil, mit Stammsitz im Café *Slávia*). Nachdem in den 1930er-Jahren in Deutschland die satirische Zeitschrift *Simplicissimus* von den Nazis verboten worden war, gründete Hoffmeister in Prag den antifaschistischen *Simplicus*, später *Simpl* genannt. Er selbst lieferte für dieses Periodikum eine Reihe von politisch brisanten Satirezeichnungen. Eine taucht sofort in meinem Gedächtnis auf: Ein kleiner Galeriebesucher vor einer gewaltigen Bilderreihe. Überall das gleiche Portrait, der Führer. Im Saal steht noch eine Reihe von Skulpturen: Alle mit dem zum Hitlergruß erhobenen Arm. Eine suggestive Allegorie des Diktatorkults.

Nach der Besetzung der Tschechoslowakei durch die Deutschen emigrierte Adolf Hoffmeister 1939 nach Frankreich, wurde aber auch dort für sieben Monate inhaftiert. Er entkam dem Rücktransport ins KZ, floh weiter über Portugal und Marokko in die Vereinigten Staaten, wo er einen Exilradiosender für die Tschechen in der Heimat leitete. Nach seiner Rückkehr wurde er politisch aktiv, indem er die kommunistische Regierung Gottwalds unterstützte. Es schien sich zu lohnen. Denn von 1948 bis 1950 war der weit gereiste Kosmopolit Hoffmeister tschechischer Botschafter in Paris. Nur kurze zwei Jahre wohlgemerkt. Seine Absetzung erfolgte aus heiterem Himmel. Sie hing mit den gerade eingeleiteten Säuberungsaktionen in Prag zusammen. Die Welle riss auch Außenminister Vladimir Clementis mit. Die gegen ihn erhobene Anschuldigung lautete: »Sympathien für den bourgeoisen Nationalismus«. Diesen Vorwurf stütze nicht zuletzt auch die Tatsache, dass Clementis einen Abkömmling der Altprager Bourgeoisie als Diplomaten nach Paris delegiert hatte. Hoffmeister stand Clementis sehr nahe, persönlich und auch als sein Sprecher.

Nach der Amtsenthebung sollte Adolf Hoffmeister vor einer Untersuchungskommission in Prag vernommen werden. Doch das Schicksal griff ein: Seine Frau Lilly lag in einem Pariser Krankenhaus. Völlig überraschend besuchte sie der sowjetische Botschafter, mit den Hoffmeisters eng befreundet. Dieser Besuch blieb nicht unbemerkt. Hoffmeister wurde in Paris vom tschechischen Geheimdienst observiert. Auf einmal war man in Prag verunsichert, ist dieser Hoffmeister ein Vertrauter Moskaus, etwa ein direkter Schützling des sowjetischen Außenministers Molotow (von Lenin »Eisenarsch« genannt)? Man wollte keinen Fehler begehen und stellte deshalb weitere Ermittlungen ein. Hoffmeisters Vorgesetzter Clementis wurde dagegen im Januar 1951 verhaftet und wegen Verschwörung vor Gericht gestellt. In einem spektakulären Schauprozess mit zwölf weiteren hohen Regierungsmitgliedern, darunter dem Generalsekretär der KP, Rudolf Slánský, wurden alle Angeklagten schuldig gesprochen. Das Urteil lautete Todesstrafe durch das Seil. Am 3. Dezember 1952 fand die gemeinsame Hinrichtung aller Angeklagten statt.

»Mein Vater war zeitlebens davon überzeugt, dass der Besuch des Sowjetbotschafters am Krankenbett seiner Frau seine Existenz rettete, wenn nicht sogar sein Leben«, schließt Martin Hoffmeister dieses trübe Kapitel ab. Der Fall Slánský und Clementis stand seinerzeit nicht nur für die ideologische Säuberung, sondern auch für den Ausbruch des Antisemitismus innerhalb der kommunistischen Partei. Sowohl Slánský als auch die Mehrzahl der Hingerichteten waren jüdischer Abstammung. Hoffmeister, der schon mal vor den Nazis flüchten musste, war äußerst beunruhigt. Seine Frau Lilly, eine deutsche Schauspielerin, war jüdischer Abstammung aus Gablonz (Jablonez). Die politischen Umtriebe während der 1950er-Jahre würden in der tschechischen Geschichte eine nochmalige Aufarbeitung benötigen. Etliche Opfer der damaligen Repressionen wurden erst Anfang 2000 rehabilitiert.

Wir gehen durch die Galerie im Hotel, Etage für Etage. Kaum eine bedeutende Persönlichkeit, die Hoffmeister nicht persönlich getroffen und dabei karikiert hätte. Da schaut der gute Picasso wie ein Vogel Strauß aus, Becketts Gesicht ist faltig wie ein Waschbrett, dem Bildhauer Giacometti stehen die Haare zu Berge wie Jimi Hendrix und bei Jean Cocteau scheint der Kopf zu brennen. Jacques Prévert hat natürlich ein Weinglas in der Hand, James Joyce dagegen keine Augen hinter der Brille. John Steinbeck sieht aus wie sein eigenes Gespenst.

Henry Fonda und Claudia Cardinale verfremdete Maestro Hoffmeister in Karlsbad. 1965 leitete er dort als Präsident die Filmfestspiele. Dass er zum ersten Mal zwei Weltstars in die Jury holte, dankte man ihm nicht. »Meinem Vater wurden pro-amerikanische Umtriebe unterstellt. Er geriet in Konflikt mit den Behörden«, klärt mich sein Sohn auf. Die Unberechenbarkeit des Systems schürte die Angstpsychose. Alles konnte eine andere Bedeutung bekommen als beabsichtigt.

Zum Glück war sich die KP-Führung selbst häufig uneinig. Intern herrschten erbitterte Machtkämpfe, die ganze Politik bestand nur aus Intrigen und der Paranoia, es gebe Abweichler, Verräter und Zweifler in den eigenen Reihen. Die permanente Suche nach ihnen nahm kein Ende. Hoffmeister überstand diese Misstrauensperiode unbeschadet und wurde sogar zum Rektor der Prager Kunstgewerbe-Hochschule ernannt. Wer Briefmarken sammelt weiß übrigens, dass sich die tschechischen Postwertzeichen in den 1960er-Jahren durch eine hohe grafische Qualität auszeichneten. Auch daran war Hoffmeister maßgeblich beteiligt: Erstens als Vorsitzender der Auswahlkommission, die über die eingereichten Entwürfe entschied, zweitens selbst als Grafiker. Seine Briefmarke mit Franz Kafkas schrulligem Konterfei ist heute eine gesuchte Rarität.

Beim Prager Frühling 1968 unterstützte er die Reformbewegung. Nach dem Einmarsch der Sowjets am 21. August emigrierte er wieder nach Frankreich. Zwei Jahre unterrichtete er als Professor an der Kunstakademie von Vincennes. 1970, von Heimweh geplagt, kehrte er zurück. Seine letzten Jahre prägte eine zunehmende Resignation, die ihn aus Prag hinaus aufs Land trieb. In »innerer Emigration« segnete er

Sohn mit Erbe: Martin Hoffmeister führt sein Hotel in seines Vaters Geiste.

1973 das Zeitliche. Sein Sohn Martin, offenbar durch Vaters stürmischen Lebensweg vorsichtig geworden, zog sich als ausgebildeter Regisseur auf ein unverfängliches Gebiet zurück: Er drehte Animationsfilme mit Puppen und Zeichentricks als vorabendliche Kinderserien fürs Fernsehen. Aber wie wird man dann Hotelier?

»Das verdanke ich den radikalen Islamisten«, macht Martin Hoffmeister die Geschichte spannend. »Zwischendurch öffneten sich Lücken in der sozialistischen Wohnungsverordnung. Eins plus eins musste nicht immer zwei sein. Ein Atelier galt nicht als Wohnraum, irgendwann konnten wir sogar das Haus hier am ›Mauseloch‹ als Privateigentum vom Staat erwerben und eine Pension mit zehn Zimmern darin einrichten.« – »Und was hat das mit dem Islamismus zu tun?«, unterbreche ich. – »Meine Frau war als wissenschaftliche Mitarbeiterin an einem ethnischen Projekt in Algerien beteiligt«, rollt Martin Hoffmeister nun das jüngste Kapitel der Familiensaga auf. Algerien reicht mir als Stichwort. Ich erinnere mich: Nach dem Ende des Unabhängigkeitskrieges 1961 schlug diese ehemalige französische Kolonie den sozialistischen Weg ein. Die Sowjetunion leistete materielle Unterstützung. An Prags Universitäten wurden algerische Studenten zu neuen Führungskräften ihres nunmehr scheinselbstständigen Landes geformt. Als es in Algerien, noch vor dem islamistischen Putsch 1991, zu mehreren blutigen Übergriffen gegen die Weißen kam, beorderte man alle internationalen Entwicklungshelfer zurück in ihre Heimatländer. Auch Frau Hoffmeister kehrte nach Prag zurück. Und was nun? – »Nach der Wende beschlossen wir nochmals von vorne anzufangen, krempelten die Ärmel hoch und bauten neben der Pension ein Hotel. Wir waren von Havels Aufruf euphorisiert: ›Jeder soll anpacken, um das Land zu erneuern‹.«

In Prag herrschte damals akuter Mangel an Hotelbetten. Eine riesige Marktlücke war das. Doch noch heute bekommt Martin Hoffmeister Gänsehaut, wenn er daran denkt, welchen Vertrag er unterschrieb, um sein Traumprojekt realisieren zu können: »Ich fand ein Bauunternehmen, das bereit war, ein Hotel mit 50 Zimmern komplett auf seine Kosten zu bauen, also alles vorzufinanzieren. Die entscheidende Vertragsklausel lautete: Wenn ich am Schluss alles bezahle, gehört das Hotel mir. Wenn nicht, fällt alles, samt meinem Grundstück, an die Baufirma.«

Die Rechnung ging auf. Am Tag der Bauabnahme überwies Hoffmeister die Millionen. Die Fortune hatte ihre Finger im Spiel, weil nach der Wende die Familie Hoffmeister im Rahmen der Restitution das kubistische Eckhaus »Diamant« im Zentrum zurückerhielt. Ein Bankinstitut bezog als Untermieter die Räumlichkeiten im Erdgeschoss. Da lag es klar auf der Hand, dem Vermieter mal ein großzügiges Darlehen mit günstigen Konditionen zu gewähren. Damit kaufte Hoffmeister das fertige Hotel zurück. Selbstverständlich nach ihm benannt, feierte 1993 das Hotel Hoffmeister die Eröffnung. Es wurde die drittbeste Adresse am Platz, neben *Intercontinental* und *Palace*. Die Gästeliste schmückten vom ersten Tag an hochkarätige Namen: Peter Ustinov, Henry Kissinger, Joan Baez, Michail Barischnikoff. Der Regisseur Miloš Forman erkor dieses Hotel zu seinem Prager Zweitwohnsitz. Hierher lud er auch Larry Flint aus Los Angeles ein, den *Hustler*-Herausgeber, zu Gesprächen über die Verfilmung seines Lebens. »Larry fuhr im goldenen Rollstuhl vor«, bemerkt Hoffmeister junior. Flint ist seit einem Attentat 1978 von der Hüfte abwärts gelähmt.

Die Gefahr richtig einschätzen. Mein »Tramspringen« geht mir während des Hotelrundgangs die ganze Zeit nicht aus dem Kopf. Auf einmal taucht eine Situation bildhaft auf, die mir damals beinahe zum Verhängnis wurde.

Bald nach den ersten Sprüngen erwarb ich in dieser Disziplin eine gewisse Routine. Es war gar nicht so schwierig: Man musste nur den günstigen Moment abwarten, wenn die Tram am Beginn des Gefälles abbremste, manchmal fast stehen blieb. Da war es auch kinderleicht abzusteigen. Doch einmal kam alles anders. Der Tramführer stoppte kurz und setzte ruckartig die Fahrt fort. Ich konnte in dem günstigen Augenblick nicht abspringen, weil sich ein Bus auf der schmalen Fahrbahn zwischen die Tram und die Felswand quetschte. Als sich im vorbeifließenden Verkehr eine Lücke ergab, raste die Tram schon in vollem Tempo bergab. Ich hatte es irgendwie nicht bemerkt. Ich sprang. Der aus dem Windschatten entstandene Sog erfasste mich und riss mich beinahe zwischen die beiden Wagons. Im allerletzten Moment schaffte ich es, mich instinktiv mit voller Kraft von der Tramwand zurückzustoßen. Da hörte ich schon ein Auto hupen. Ich konnte gerade noch auf das andere Gleis ausweichen, direkt vor die entgegenkommende Tram. Da war es schon verdammt knapp. Aber ich hatte nochmals Glück. Verdammtes Glück sogar!

Ich bekam noch mit, wie einige Passanten, die mein missglücktes Manöver bemerkten, schimpften: »Idiot!« Schnell verschwinden, dachte ich bloß, holte tief Luft und rannte über das »Mauseloch« weg. Wahrscheinlich bin ich geflogen. Denn bei der Eisdiele »Zum Sportsmann« unten angekommen, sah ich, wie sich die gleiche Straßenbahn, aus der ich gesprungen war, erst langsam der Talstation *Klárov* näherte. »Du musst die Tram erwischen!«, schoss es durch meinen vor Aufregung erhitzten Kopf. Ich setzte zu einem stürmischen Finish an. Die letzten 100 Meter bin ich, glaube ich, in einer Rekordzeit gelaufen, wie nie mehr in meinem Leben.

Charlie Chaplin in seinen Riesenschlappen als Hochseilartist – »das hätte ihm sicher gefallen«, bemerke ich zu dem Bild und dann bin ich mit den Gedanken wieder zurück. Martin Hoffmeister nickt. »Alle haben meinen Vater gekannt, er lenkte seine ganze Energie darauf, dass die tschechische Kunst und Kultur den Anschluss an die Weltelite bekam.« Porträts von Winston Churchill, François Mitterrand, Juan Miró, Bert Brecht, André Breton, Jean Cocteau, Le Corbusier und Virginia Woolf, dem Idol der englischen Frauenbewegung, ergeben nun ein Ambiente, wofür sich sogar die Anreise aus New York lohnt.

Auch in der Einrichtung steckt viel künstlerischer Charme. Es gibt eine Honeymoon-Suite über zwei Stockwerke, mit Himmelbetten, Säulen und einer Liebesgrotte als Bad. Die Wand bildet der gerippte Basaltsteinfels, schwarz und geheimnisvoll. Mit mutigen Farbkombinationen, von sehr warmen Tönen dominiert, öffnet sich das Zimmer 306 ganz in Rot, als eine Hommage an das Pariser »Moulin Rouge«. Im englischen Grün, wie eine Schiffskajüte mit Mahagoni getäfelt, ist die Nummer 201 gehalten, die Lieblingssuite von

Teller des Karikaturisten: Schön aufessen, damit man Bert Brecht sauber sieht.

Miloš Forman, der hier schon mal vier Monate am Stück verbrachte. Auch wegen der Küche. Das Dekor der 1920er-Jahre setzt sich im erstklassigen Restaurant *Ada* fort: Kristall-Lüster, Kaminfeuer, ein Mann am Klavier sowie eine Speise- und Weinkarte, die selbst bei ausgesprochenen Feinschmeckern keinen Wunsch offen lässt. Martin Hoffmeister selbst steht öfters am Herd, Chefkoch Mirek Kalina schaut ihm über die Schulter, während er »Pot au feu« (Topf am Feuer) zubereitet. Es ist die französische Variante vom Wiener Tafelspitz.

Václav Havel ließ als Präsident drei Jahre lang alle Staatsbesuche von Hoffmeister bekochen, über 30 große Staatsbankette wurden von hier aus auf die Burg geliefert. Man glaubt es kaum, wenn man die Küche sieht, nicht größer als in einem provenzalischen Landhaus. Auch der Stil ist dem etwas ähnlich, vor allem aber die Düfte. Einmal im Monat schlägt Hoffmeisters große Stunde. Da kocht er. Original tschechisch, alle Gerichte nach den Rezepten seines Vaters, also französisch verfeinert. An dem »langen Tisch der Freunde« wird dann gemeinsam gespeist, getrunken und über Prags Zukunft diskutiert.

Der dunkle Schatten, der mitunter Martin Hoffmeister über die Stirn huscht, stammt aus dem Sommer 2002. Da kam die Flut. Das *Hotel Hoffmeister* war nicht betroffen. Und trotzdem kommt es ihm so vor, »als ob ein Fluch seitdem über Prag liegen würde. Die guten Gäste bleiben seitdem aus. Gewiss, auch der schwache Dollar ist daran Schuld. Von 40 auf 20 Kronen gefallen, aber was vor allem fehlt, ist ein Zugpferd wie Havel. Während seiner Zeit kamen Leute, die Prags Bedeutung verstanden haben.«

Eine Neubewertung für Prag? Die läuft bereits. Die Generation »Design« verwirklicht sich längst. Es gibt in Prag so aufregende Ambiente-Hotels wie in New York, brasilianische Restaurants, Pizzerias wie ein Schachbrett, die Formen überschlagen sich in kühnen Linien, die Farben flimmern. Das *Hotel Hoffmeister* ist ein Museum, eine Institution, eine Insel der Nostalgie, aber es ist nicht mehr aktuell. Sogar in Martin Hoffmeisters Privatleben gab es Veränderungen. Der zweite Frühling. Seine Ehe mit jener in Algerien erfahrenen Ethnologin ging noch vor der Flut in die Brüche. »Das Hotel war schuld, wir haben so viel Energie in die Realisierung unseres Traumes investiert, bis wir keine mehr für uns selbst hatten.« Jetzt ist Martin mit einer Koreanerin verheiratet und wieder Vater geworden. Gemeinsam wird ein neues Projekt realisiert. In Prags Nähe wird ein Reitgestüt gebaut (soll im Sommer 2008 schon fertig sein), mit Golfplatz. Der neue Schwung vitalisiert, natürlich gibt es auch eine neue Wellness-Oase in den Katakomben vom *Hotel Hoffmeister*, dort wo Wallensteins Geist spukt.

Die Magie eben, die bleibt in den alten Wänden. Und im Restaurant. Am nächsten Tag, nach meinem Gespräch mit Hoffmeister, komme ich nochmals unerkannt, um in aller Ruhe diese kuriose Atmosphäre auf mich einwirken zu lassen. An dem runden Tisch im Restaurant speist und diskutiert eine überaus wichtigtuende Gruppe. Ein korpulenter Mann im dunkelblauen Anzug sitzt in einem Stuhl mit Armlehne, so tief hineingesunken, dass er bereits wie ein römischer Senator halb liegt. Die Palatschinken mit Schokosoße nimmt er von einem Masaryk-Teller. Der bärtige Republikgründer sieht auf der Karikatur wie ein Seelöwe aus. Ob es der Gast, der noch einen Digestiv bestellt, bemerkt hat? Er kennt alle Teller schon. Auch die mit Havel. Es ist ein Minister. Wenn die dicken Limousinen mit dem bulligen Zeichen für eine 4,2-Liter-Maschine am Heck vor dem Eingang parken, ist immer ein Minister als Stammgast im Hause. Der alte Hoffmeister im Himmel freut sich bestimmt. Sein Credo lautete: »Gute Politik kann man nur bei gutem Essen machen, es ist ein wichtiger Bestandteil der Kultur.«

13
Die Tasse gegen eine Halbe

Die Prager Grand-Café-Klasse glänzt wieder: Absinth für grüne Träume, Nostalgie wie im Orient-Express. Eine Fahrt durch die Kaffeehauskultur von gestern bis heute.

DAS FLAGGSCHIFF. »Selbst wenn jemand, der nach Prag kommt, den ganzen Tag dann hier verbringt, hat er bis zum Abend alles von Prag gesehen.« – Der Satz stammt von Schriftsteller Ota Filip, Jahrgang 1930. Mit seinem Roman »Café Slávia« setzte er dem gleichnamigen Ort ein Denkmal. Oberkellner Alois erklärt den Gästen, während er sie bedient, die ganze tschechische Historie. Eine reizvolle Idee. Zudem sieht Alois aus den Fenstern alles: Demonstrationen, Einmärsche, Staatsbegräbnisse, Jubelumzüge und danach irgendwann die Straßenbahn. Die Gabelung der Gleise vor dem *Café Slávia* mutet wie eine Schicksalskreuzung der Nation an. Fährt nun die nächste Linie geradeaus oder biegt sie ab? Links oder rechts? 1938 und 1968, Nazis und Sowjets, zweimal in einem Jahrhundert bimmelten die Exodusglocken. Zweimal musste man die folgenschwere Entscheidung treffen: aussteigen oder bleiben. Ota Filip gehört zur Gruppe der Migranten, lebt in München, genauso wie ich. Diesen Schritt überlegte ich mir im *Café Slávia* seinerzeit 1968 gründlich. Wenn ich jetzt wieder an einem der Fensterplätze sitze, kommen die Erinnerungen. Mit den Geräuschen von damals. Die Tramräder scheuerten auf den Schienen mit einer ächzenden Disharmonie. Heute surren die neuen Züge leise vorbei. Manchmal zittern mir die Hände bei dem Gedanken, was wohl aus mir geworden wäre, wenn ich in Prag geblieben wäre.

Das stille Örtchen: Das *Café Slávia* liegt direkt gegenüber dem Nationaltheater, das im rechten Winkel zusammen mit dem Ensemble aus Petříner Aussichtsturm, Hradschin, Karlsbrücke und Moldau eine Triangel bildet. Ob dieser Begeisterung wurde bisher ein wichtiger Raum vergessen. Im Keller liegt er. Die Bezeichnung »Oval Office« würde zutreffen. Licht fällt von oben durch die Milchglasdecke. Die Wände sind dunkelgrau, die Türen dunkelgrün. Was mich neulich

Träume in Grün: Der »Absinthtrinker« ist das Wahrzeichen des Café Slávia.

ziemlich beunruhigte, die »Hajzlbaba« war weg. Wörtlich übersetzt die »Klo-Hexe«, der urtschechische Begriff für die WC-Reinigungsfrau. Manche hatten seinerzeit einen Silberfuchsschwanz um den Hals, abgewetzt, aber wärmend. Sie sahen schon mal bessere Zeiten, wurden als »Madame« hofiert. Doch mit dieser Bourgeoise machte der Sozialismus Schluss. Die feinen Damen der Oberschicht, meist schon verwitwet und ohne Rente, wurden zur Umerziehung in die Kälte im Keller gesteckt, einen Teller für die Klingelmünzen vor sich. Ein, zwei Kronen, manchmal fünf, waren Usus. »Das ist der Lohn für den Dienst an der Menschheit«, dankten sie den Gästen, gar nicht verbittert. Einmal gab ich solch einer Hajzlbaba zehn Kronen. »Spielen Sie hier nicht den Baron«, murrte sie und gab mir fünf Kronen zurück. Diese Madame hatte offenbar ihre Lektion schon gelernt.

Literarisches Café? Die Bezeichnung kommt von Lesecafé. Um 1890 begann man in bestimmten Konditoreistuben mit Tischbedienung auch Zeitungen auszulegen. Örtliche und ausländische. Der neue Lesekult erfasste alle drei Metropolen der Donaumonarchie gleichzeitig. Bald stritt man jedoch, wo die Urheimat der neuen Institution liegt, wem die Urheberschaft gehört. Die Argumente waren polemisch. In Budapest hieß es: »Wozu braucht der Schriftsteller noch eine Wohnung, wenn er sich die Post in sein Stammcafé schicken lassen kann?« In Wien balancierten die Ober artistisch mit den Tabletts zwischen den Tischen. Wer sie laut rief, beleidigte sie aufs Gröbste, weil er ihnen damit unterstellte, keinen Überblick zu haben. Ein Zwinkern genügte nämlich völlig. Und Karl Farkas, der Humorist, erkannte richtig: »Einen Ober gut zu kennen ist wichtiger als einen Minister, um einen Fensterplatz im Café zu haben.« – In Prag wetteiferten die Cafés untereinander, wer die meisten Kellner hat. Wieselflink mussten sie sein, sich auch zweimal am Tag zu rasieren, war nichts Ungewöhnliches. »Zu ihren Aufgaben zählte, allerhand Nachrichten anzunehmen. Man brauchte also keine Briefe zu schreiben, keine Post zu schicken und auch keine Zeitungen zu lesen, weil man immer einen der Ober fragen konnte: ›Was gibt es Neues?‹ Und dann erzählte der über Paris«, notierte »Egonek«, der rasende Reporter Egon Erwin Kisch (1885–1948). Seine gesammelten Gerichtsberichte »Prager Pitaval« empfahl der Kritiker Kurt Tucholsky als die beste Medizin, sollte einen die Grippe ans Bett fesseln.

Die Namen: Im *Café Slávia*, oft von Albert Einstein und Thomas Mann besucht, könnte man mit den berühmten Gästen seit 1882 ein dickes Buch füllen. André Breton wünschte sich so ein Café in Paris, Le Corbusier empfand den Ausblick wie ein »assyrisches Panorama«. Der heutige Ruhm geht vermutlich weniger auf den Künstlerverein Devětsil (Pestwurzel) zurück, an deren Stammtischen (1920-30) viel Phantasiereiches mit Dada-Witz entstand, als vielmehr auf die Dissidenten der 1970er- und 1980er-Jahre um Václav Havel. Sie saßen an der hinteren, der Moldau zugewandten Seite. Der Kreis bestand nach dem Prager Frühling aus den Unterzeichnern des »Manifests der 2000 Worte«, später gesellten sich die Gründer der »Charta 77« für die Menschenrechte hinzu. »Den ausländischen Besuch namhafter Kollegen empfingen sie im Café Slávia provokativ öffentlich. Es wirkte mutig, aber es war die letzte Verzweiflung, um die eigene Haut zu retten«, schlussfolgerte Jean Keane, der britische Havel-Biograph. »Die Machthaber des Kommunismus wollten sich durch die Verfolgung von Künstlern, wie einst die Nazis, doch nicht vor aller Welt blamieren. Solche Momente der Lässigkeit waren zwar selten, aber man verstand sie zu nützen.«

Die Denkmäler. Den Ruhm des Slávia nährten auch die Kommilitonen der Filmakademie (FAMU), die im Hause nebenan studierten: Chytilová, Němec, Menzel, Passer, Papoušek, Jireš. Der Erfolgreichste dieser 1968er Regie-Generation, Miloš Forman, Oscarpreisträger für »Amadeus«, wurde selbst zu einem Slávia-Denkmal. Sein Format ist, symbolisch, mindestens so groß wie der »Absinthtrinker«. Das 1901 entstandene Gemälde mit dem nachdenklichen Poeten, der durch eine grünlich durchschimmernde Fee an der Tischkante vor sich hinträumt, wurde zu sozialistischen Zeiten vorsorglich abgehängt und versteckt. Erst nach der Wende kam es wieder an seinen ursprünglichen Platz zurück, hinten bei dem letzten Moldau-Fenster.

Die Revierkämpfe. Nach Kischs sarkastischer Beschreibung war die Luft alles andere als kosmopolitisch: »Niemals zündete sich der Deutsche mit einem tschechischen Streichholz seine Zigarre an, ebenso wenig ein Tscheche die seinige mit einem Streichholz aus einem deutschen Schächtelchen. Selbst die Instrumentalkonzerte waren einsprachig, einsprachig die Schwimmanstalten, die Parks, die Spielplätze, die meisten Geschäfte, Restaurants und Kaffeehäuser.« Schuld daran war der schwelende Nationalkonflikt. So waren das *Café Continental* und das *Café Central* am Graben (Na příkopě) für die Prager Deutschen reserviert. Mit deren Vertreibung 1945 verschwanden auch ihre Künstler- und Literatencafés spurlos. Nur die Gebäude stehen grandios, in großstädtischen Dimensionen, immer noch da, die Räume dienen Banken und dem Reisebüro Čedok. Wer auf Kafkas Spuren wandert, kann dennoch Entdeckungen machen. Die Eingangstüren überranken Blumenarabesken aus Stuck. Schon der Anblick beflügelt die Überzeugung: Der wahre Geniegeist Prags (tschechisch, deutsch, jüdisch) entstieg der aromatisch duftenden Kaffeetasse, während im Bierdunst die tschechische Seele jammerte, erfüllt von hopfenschwerem Kleinmut.

Die Grenzgänger. Wieder Kisch zitiert: »Umso erstaunlicher war, dass ins Café Arco viele tschechische Autoren gingen, wo sich doch hier die berühmtesten deutschen Schriftsteller trafen.« Der Kreis war mehr als beachtlich: Adler, Altschul, Baum, Brand, Brod, Haas, Hauschner, Janowitz, Kafka, Kisch, Kolben, Kornfeld, Leppin, Meyrink, Perutz, Pick, Rilke, Steiner, Urzidil, Unger, Weiss, Winder, Werfel, Wurm. (Ihre Werke wurden in Leipzig oder Wien verlegt, aber nicht in Prag!). Die Maler Feigl, Nowak, Kars, Justitz stellten im *Arco* ihre Bilder aus. Warum gerade dieses Café neben dem alten Zentralbahnhof die Künstler und Literaten derart magisch anzog, erschien ziemlich lange schwer erklärbar. Aber die Eingeweihten wussten: Die Börse lag im Dunstkreis. Die Aktienhändler, Banker und Geschäftsleute versammelten sich täglich an den Tischen, um untereinander Handelstipps zu tauschen. »Unter den wenigen Frauen wurde Milena Jesenská oft gesehen, die hier nicht Kafka, sondern Ernst Pollak nahe sein wollte, einem mittleren Bankangestellten, der einen ihrer zukünftigen Gatten abgeben sollte«, schrieb Peter Demetz. Ein Beispiel dafür, wie praktisch sich die Finanzwelt mit den Kunstkreisen ergänzte. Die von klassenkämpferischer Paranoia verfolgten Kommunisten schlossen auch dieses Café. Lange Zeit gammelte es vor sich hin. Auf Staub legte sich Ruß, Schicht für Schicht, fast bis zur Versteinerung. Als das *Café Arco,* 1998 endlich renoviert, wiedereröffnet wurde, glaubte man seinen Augen nicht: Ovale Leuchten klebten wie Kaulquappen an der Decke, der türkisgrüne Stoffüberzug der Sitzbänke und Polsterstühle flimmerte grell, als hätte sich hier ein expressionistischer Südseemaler ausgetobt. Als Spezialität fand man auf der Karte: Heiße Schokolade Franze Kafky. Mit Rum! Kafka aber – der trank niemals Alkohol!

Verschollene Welten. Demi Moore und Bruce Willis (seinerzeit noch miteinander verheiratet), in Prag als dem Hollywood des Ostens bei Dreharbeiten gewesen, brachten beim ersten Besuch ihre Kinder zu einem Hamburgerlokal in der

Vodičkova-Straße. »Great«, schwärmte Demi, »wie ein Schloss in Disneyland ...« Da hatte sie nicht übertrieben. Der Stuck vergoldet, die bronzenen Säulen mit Palmenkronen abgeschlossen. Was Pracht betraf, hatte 1885 das vornehme *Akademische Café* (Akademická Kavárna) keine Konkurrenz. Unter dem Sozialismus dachte man diesem feudalen Rahmen eine Nutzung als Konfektionsladen zu. Die Höhe erwies sich als praktisch für die Auslagerung der fehlerhaften Mäntel, auf Stangen unter die Decke gehängt. Anders nach der Wende. Im renovierten Dekor der Neo-Renaissance entstand die erste Prager *McDonald's*-Filiale. Die Nymphen zwischen Lorbeer und Efeu über den Pommes in Pappschachteln wirken irgendwie pervers.

Ruhmreich, aber verschwunden: Auch über das *Café Union* lässt sich mindestens so viel nachlesen wie über das Slávia. Wer nicht ins Slávia ging, saß regelmäßig im »Unionka«, wie das Kosewort für dieses Café, eigentlich nur ein Kaffeehauszimmerchen, lautete. An der Perštýn-Ecke lag es (schräg gegenüber dem heutigen Kaufhaus Tesco). Der Zeitzeuge Peter Demetz berichtete: »Der Oberkellner Patera kaufte die Zeitungen aus eigener Tasche, erinnerte sich jahrelang daran, wer ihm das Geld für eine Tasse Kaffee noch schuldete.« – Was für eine Ehre! Von Josef Gočár und Josef Chochol (Architekten des Kubismus, am Bau nur in Prag und Wien zu sehen) bis zu den Brüdern Karel und Josef Čapek sowie dem »Schwejk«-Autor Jaroslav Hašek, solche Gäste vergisst man nie! Das klassizistische Haus stand jedoch unter keinem guten Stern. Nach dem Zweiten Weltkrieg schloss zuerst das Café, dann schlug 1949 die Abrissbirne zu. Die Baulücke wurde 1966 durch ein hässliches Gebäude mit einem wabenartig verglasten Stahlskelett geschlossen. Vom Kinderbuchverlag Albatros zuletzt zur Sparkasse umgewandelt, erinnert nicht mal mehr eine Gedenktafel an die »Unionka«.

Das Planetensystem: Die tschechische Literatur erlebte 1984 einen unerwarteten Höhepunkt: Der Dichter Jaroslav Seifert (1901-86) erhielt den Nobelpreis. Er unterstützte als subtiler Regimekritiker die Dissidenten, eigentlich galt ihnen diese Auszeichnung als Unterstützung in ihrem Kampf gegen Husáks Diktatur. »In jungen Jahren stand ich stets vor einer schwierigen Wahl: Wo gehe ich hin?«, beschrieb Seifert sein Dilemma. »Von der Unionka zum Café Slávia lag auf halbem Wege zur Moldau noch das Nationalcafé (Národní Kavárna). Bin ich aber von hier aus über die Straße spaziert, befand ich mich vor dem Café Louvre. Dort gab es die besten Billardtische, in einer langen Reihe, so dass man stets noch einen freien Platz finden konnte.« – Das *Café Louvre*, 1902 errichtet, zog auch Kafka, Einstein und die Gebrüder Čapek an, aber nicht wegen der bunten Kugeln. Vielmehr lockten die Damen der Prager Gesellschaft hierher. »Oh, waren sie vornehm, sie tranken Wiener Kaffee, den Löffel mit der Sahne schleckten ihre Schoßhündchen ab. ›Fifie, mon petit Chouchou‹, man sprach mit ihnen auch nur Französisch«, hielt Reporter Kisch ironisch fest. Den Kommunisten war 1948 schon allein der Name Louvre ein Dorn im Auge. Die Schließung ließ nicht lange auf sich warten. Nach der Wende hielt man die Auferstehung dieses Cafés mit bourgeoisem Flair für ein gutes Omen. Zuerst in sultansblau renoviert, jetzt, neu, in kardinalsrot tapeziert. Und wer geht nun hin? Derjenige, den im Slávia die Deutsch sprechenden Touristen stören. Doch es ist nicht immer Deutsch, auch wenn es danach klingt. Bei dem schnoddrigen Wiener Dialekt rettet einen nur der Nietzsche-Satz: »Weh spricht: Vergeh!«

Ein Insidercafé: Der überlieferte Begriff »flüssige Sahne« (Smetánka), seinerzeit für die High Society aus der Bell-Epoque-Zeit erfunden, ist wieder im Umlauf. Die neuen Protagonisten treffen sich im *Kavárna Platýz* (Flunder). Kein

Schwarze Madonna in Gold: Das Grand Café Orient im Museum für Kubismus

Schild am Nationalboulevard (Národní třída) weist auf dieses Café in dem breiten, runden Innenhof hin. Auch nicht nötig. Mieter sind hier Künstlergalerien, Modedesigner und Architektenbüros. Das sichert eine vorsortierte Klientel. An den Tischen mit Rattansesseln hört man auch nur Tschechisch: »Wie war die Party gestern?« – »Filmriss nach Mitternacht, bin halb tot, ein Gespenst.« – »Und die Filmfestspiele in Karlsbad?« – »Überall eingeladen, nirgendwo gezahlt, sogar im Taxi umsonst mitgefahren. Verrückt, ich kam mir wie in einem Zerrspiegel vor …« Manche aus diesem erlesenen Kreise haben auch schon die Seychellen gesehen. – »Wie war's?« – »Eine Bombe!« – Die Prager Konversation unter Insidern beschränkt sich auf knappe Sätze. Na dann bestelle ich den »Schoko-Tod« (čokoládová smrt). So heißt in diesem Café die Sachertorte. Schmeckt trocken wie eine Mumie. Ich rette meinen Hals mit Hibiskustee: »Mit belebender Wirkung«, steht auf der Karte.

Das Ambiente: Ein wahrhaftiges Literatencafé lebt von dem, was man nicht essen kann. Beim *Grand Café Orient* beginnt die Stilkunde schon am Eingang. Alle Ecken laufen im scharfen Winkel zusammen, wie bei einem Diamanten. Das Haus der Schwarzen Madonna steht als ein Juwel der Kubismusarchitektur unter Denkmalschutz. Der deutsche Großkaufmann Josef Herbst ließ es 1912 von dem Architekten Josef Gočár, (ja, der »Unionka«-Stammgast) als Warenhaus erbauen. Schon damals mit einem Erfrischungsraum für die Kunden. Nach 1945 enteignet, wussten die Sozialisten nicht recht, was sie mit dem Objekt anfangen sollten. Kubismus galt als dekadent, als Kunstrichtung verpönt. Nach der Wende übernahm die Nationalgalerie die Räume. Jetzt passt alles zu allem. Im Museumscafé sind die Teller eckig wie die Fassade. Der Garderobenhaken gleicht dem Tassenhenkel, das Messingdekor spiegelt die Besteckformen wieder. Oval wie ein Löffel, spitz wie ein Messer, vergabelt die Musterung. Die Polster, grün-weiß gestreift, ergänzen sich mit den Lampenschirmen. Die Harmonie dieser Designherrlichkeit setzt sich im Museumsshop im Erdgeschoss fort und bricht sich erst am Publikum. An dieser Ecke fließt der reißende Massenstrom vom Pulverturm zum Altstädter Ring vorbei. Wie Motten das Licht ziehen die Orient-Laternen die Touristen an. Die Prager warten, bis der erste Nebel fällt.

Das Primatorcafé. Was für ein Palast für die Sezession! Die Kuppel als Gipfel. 1913 bei der Eröffnung galt das Prager Gemeindehaus aus Stahl und Glas als ein Wunder der Konstruktion, mit Dimensionen wie beim Petersdom. Darunter ein bemerkenswertes Art-déco-Café im Erdgeschoss,

Kuppel in Art déco: Das Café im Gemeindehaus besticht durch seinen Prunk.

das sich mit seiner Terrasse bis auf die Straße ausdehnt. Wie es sich für einen Tempel gehört, wurde mit Marmor, Alabaster, Mahagoni, Messing und Kristallglas nicht gespart. Allein schon die Lüster versetzen in maßlose Verzückung. Venezianischer hängen sie nicht mal im Dogenpalast. Vor dem Brunnen mit der Göttin Venus möchte man sich tief verneigen, überwältigt vor ihrer anmutigen, marmornen Schönheit. Rätselhaft bleibt nur, warum niemand von den Großen ein literarisches Essay oder zumindest ein kleines Gedicht diesem grandiosen Ort widmete. Lag es etwa daran, dass dieses Café wie ein Silbertablett für eine Gesellschaft diente, die sich darauf selbst präsentierte? Wie vergänglich dieser Glanz ist, auch dafür liefert das Repräsentationshaus ein gutes Beispiel. Kurz nach der Wende, die Patina deckte bereits fingerdick die alte Pracht zu, die roten Plüschsitze abgewetzt, die Tische auf altersschwachen Füßen wacklig. Und gerade dieser Zustand der authentischen Vergänglichkeit sorgte für eine bohemienhafte Renaissance. In dieser noch handylosen Zeit wurde hier auch viel geschrieben. Postkarten, Briefe. Überall stand das Gleiche: »Du musst nach Prag, das musst du sehen.« Den Schwärmern vom *Café Nouveau*, wie der provisorische Name lautete, kam der Ort wie eine Fata Morgana vor. 1994 begann die Renovierung. Nach vier scheinbar endlosen Jahren zeigte sich das Ergebnis: Überrenoviert, seltsam kalt, unecht wie Plastik wirkt nun der Prunk. Die Kellner haben sich dem Ambiente angepasst. Wie Roboter plappern sie blechern, falls man die vielen Verbotsschilder übersieht: »Fotografieren nicht erlaubt. Am Eingang gibt es Ansichtskarten zu kaufen.«

Das ägyptische Café: Trostlos war es in Prag nach 1918 in den ersten Jahren der neuen Republik der Tschechen und Slowaken. Die Machtübergabe von den Habsburgern an die Regierung Masaryk erfolgte reibungslos und formell auf dem Hradschin. Über 60 Prozent der Prager wohnten damals in Einzimmerwohnungen. Fließendes Wasser auf dem Gang, nur eine Toilette pro Etage, die Fassaden von den Kohleheizungen verrußt. Ein düsteres Prag, grau in schwarz. Die Sehnsucht nach dem Schönen stillte man in den Cafés. Das *Imperial*, unweit des »Reprähauses«, bildete eine exotische Oase. Oft musste man lange warten, bis einer der Tische frei wurde. In den Zeiten des Realsozialismus lagerte man hier Kartons ein, zusammengefaltet, bis unter die Decke gestapelt. Die Fenster mit Plakaten verklebt, schoben sich die Passanten achtlos an dieser Ecke vorbei. Niemand wusste mehr, welche Pracht sich da drinnen befand. Mitte der 1990er-Jahre verbreitete sich per Mundreklame der Geheimtipp. Als hätte man das Grab von Echnaton entdeckt – so sprach man über das *Café Imperial*. Die magische Wirkung stellt sich ein, kaum tritt man über die Schwelle. Drei Löwen, im Relief versteinert, halten Türwache. Drei Musikantinnen marschieren im Baströckchen am Nil entlang, Palmenwipfel krönen die gerippten Säulen, die Wände, ja sogar die Decke sind mit bemalten Majolikakacheln ausgelegt. Der Insidertipp war zur Stunde Null wertvoll, weil es damals in den oberen Etagen ein Hostel gab – inzwischen ein Fünf-Sterne-Hotel.

Das italienische Eiscafé: Merkwürdig und schwer zu verstehen. Die Tschechen beschäftigte man nur als Ziegelbrenner. Sonst waren all die Baumeister, Maurer, Polierer, Stuckateure, Zimmermänner allesamt Italiener. Die Namen der Architekten von damals: Aliprandi, Aostalli, Bossi, Caratti, Carlone, Luragho, Palliardi, Rossi, Spinelli, Tencalla klingen wie die Namen der Modedesigner heute. Sie drückten Prag den Barockstempel auf. Eine persönliche Spur fehlt. Die Italiener legten kaum Wert darauf, sich in das Prager Leben zu integrieren. Kein Café wurde als italienischer Treffpunkt bekannt. Dabei waren die Schornsteinfeger Prags über Generationen hinweg Italiener. Jetzt ist ein Stück Bella Italia zurück, zumindest mit dem feinen Geschmack. Am Pariser Boulevard (Pařížská, sprich Parschischská), der Meile der teuren Modeboutiquen, Parfümerien, Juweliere, Ambiente-Shops, abends in gleißendes Licht und Glamour getaucht, leuchtet jetzt auch neu die *Crémerie Milano*. Ein verspiegelter Salon im Stil der Mailänder Galerie. Von Smetanas »Moldau«-Sinfonie begrüßt, schaut man erst der russischen Harfenistin auf die Finger. Vom Flair des Fin de Siècle umgarnt, gleitet der Blick auf die verglasten Kühlvitrinen. Berge von schaumig aufgeschlagenem Speiseeis türmen sich in allen Pastellfarben. Wird hier nur ein Film gedreht? – argwöhnt man eine Weile. Ein Herz und eine Eiscreme? Die Altneusynagoge liegt gleich gegenüber. Sorbet stammt von dem arabischen »Scherbett« und bedeutet auch im Jüdischen ein Fruchteisgetränk. Jedenfalls wirkt Stracciatella mit Schokosplittern im jüdischen Prag noch so unwirklich wie ein Zauberstück von Golem.

Kafkas Café: Wir wissen schon, *Arco*, *Central*, *Louvre*, *Radetzky*, diese Cafés besuchte Kafka, der Meister der verschachtelten Sätze, mit jedem Nebensatz einen Einschub anführend, dann noch mal mit einem Zwischensatz ergänzt. Die Jüdische Stadt, genannt Josefov, war sein Revier. In der Breite-Straße (Široká ulice) wurde, ebenfalls ziemlich bald nach der Wende, ein alter Krämerladen eröffnet. Noch mit dem Originalportal aus den 1920er-Jahren, gar nicht aufwendig restauriert, nur gründlich entstaubt. Dort, an kargen Tischen unter der Aufschrift *Kavárna u Franze Kafky* geben sich die jungen Amerikaner dem Weltschmerz hin. Die Zeilen, an die Wände gemalt, düster illustriert, schleichen sich pessimistisch ins Gemüt. Bald von der Melancholie halb narkotisiert, ahnt kaum einer der Gäste, dass Kafka hier niemals verkehrte. Doch diese lokale Fälschung übertrifft in der Wirkung den Originalplatz, jenes plump renovierte *Café Arco*. Der Blick in diese Gasse des jüdischen Viertels, wo die Häuser allesamt so prachtvoll sind wie in Bayern das Ludwigschloss Neuschwanstein. So unwiderstehlich pragerisch, so berauschend authentisch, dass man den Drang verspürt, unverzüglich nach einem Kafkabuch zu greifen. Egal welche Seite, überall sind solche Passagen zu finden: »... der Grundfehler meines einstmaligen Sterbens ... die Frau des Bootsführers bringt zu meiner Bahre das Morgengetränk des Landes, dessen Küste wir gerade befahren ...« Also, das Tagesgetränk in diesem Café, braun und schlammig, schmeckt wie ein in der trüben Moldau öde steckender Kahn. Ein schlimmes Schicksal.

Das *Präsidentencaffe* – es schreibt sich so. Man findet es in der Villa Portheimka, erbaut im Neobarockstil, für den ersten jüdischen Großindustriellen Prags, Leopold Porges von Portheim (1785–1869), dem halb *Smíchov* gehörte, der Stadtteil der neuen Industrie. Waggonfabrik und Dampfmaschinenwerke. Ein wirklich bemerkenswertes Foto von Václav Havel hängt unter dem Gewölbe an der Wand. Der Altpräsident in Frack und Schärpe, Orden an der Brust. Neben seinem rechten Fuß posiert seine Boxerhündin Šugr (sprich Schugr), sich wohl der Wichtigkeit des Moments bewusst. Das Bild ist derart kurios, dass ich schon deswegen dieses Café zum Besuch empfehle. Im Park davor hocken die Penner auf der Bank. Einer sagte, bevor er mich anzupumpen versuchte: »Wir leiden und warten, in uns ist ein Stück Jesus.« So lautet auch das Motto der St. Wenzelsbasilika gegenüber, 1883 den Türmen der Kathedrale von Westminster Abbey nachempfunden. Der damalige Oberhirte Prags, Erzbischof Friedrich Fürst zu Schwarzenberg, überwachte persönlich den Bau, stieg sogar auf das Gerüst. Dabei entging er nur knapp einem tragischen Tod. Als er auf ein loses Brett trat, neigte sich das bereits zum Sturz, aber Schwarzenberg rettete sich mit einem Sprung zurück. So fit war der Kardinal noch mit 75 Jahren. Ein Jahr später starb er in

Wien, friedlich im Bett. Knapp eine Woche bevor die Glocken seiner Lieblingskirche in Prag bei der Einweihung läuteten. Das erfuhr ich aus einem Buch, das an dieser Stelle aufgeschlagen auf dem stillen Örtchen lag. Insofern auch ein literarisches Café.

Das falsche Café: Um 1874 schlug der Patriotismus in Prag bereits hohe Wellen. In der Namensgebung des gerade eröffneten *Café Radetzky* auf der Kleinseite steckte eine Tücke der damaligen Zeit: Das Andenken an den höchstdekorierten Feldmarschall der Monarchie zu ehren, damit scheinheilig den Habsburgern in Wien zu schmeicheln, gleichzeitig aber die Seinigen in Prag daran zu erinnern, dass Radetzky ein waschechter Tscheche war, geboren 60 Kilometer südlich von Prag. Den Ruhm dieser gemütlichen Einkehr auf eine Tasse Kaffee oder Schokolade mehrten Rilke, Kafka sowie die göttliche Sopranistin Emma Destinová und Jan Neruda, der wichtigste tschechische Autor des späten 19. Jahrhunderts. Ab 1918 hieß das *Café Malostranská kavárna* und wurde bevorzugt von der lokalen Aristokratie, Regierungsbeamten und höheren Angestellten besucht. In den kommunistischen Zeiten entstand hier im Schatten der Nikolauskirche eine Enklave der Intellektuellen. Die kleinen Stuben, die sich hintereinander zu einem Labyrinth verwinkeln, vermittelten das Gefühl der abhörsicheren Geborgenheit. Man musste ja stets auf der Hut sein. Man saß unter dem Gewölbe, das sich gleich hinter dem Nacken senkte, leicht gebückt bei »Frankovka«, der blaufränkischen Traube. Ich erinnere mich noch genau, wie aus einer angesäuselten Runde verlautete: »... und wenn ich morgen den Nobelpreis bekomme, dann gebe ich ihn zurück.« So trotzig äußerte sich eine Autorin, wahrscheinlich eine Prager Virginia Woolf, die im Gegensatz zum Vorbild nicht publizieren durfte. Immerhin lehnte auch Virginia einen Ehrendoktortitel der Universität Liverpool ab. Und genauso pathetisch klang auch jene Pragerin. Nach einer Pause nickten ihre Begleiter stumm, bis einer zusammenhanglos sagte: »Bei den Geschäften muss man wie die Juden sein. Sonst läuft nichts.« – Diesen Kleinseitenen-Charme sucht man heute in diesem Café vergeblich. Nils Jebens, der norwegische Gastronom-Guru Prags, trimmte unter dem neuen Logo *Square* diesen Laden auf Yuppie-Standard. Der Einrichtung, wie eine Designerbrille durchgestylt, blieb nur der Ausblick erhalten: Immer noch auf den Kleinseitener Ring mit den Palästen, farbenfroh wie die Kulissen einer Mozartoper zurechtgeschminkt. Die Prager Luft wird sie bestimmt bald patinieren.

Das schönste Hotelcafé. »Es waren verrückte Zeiten nach der Wende. Havel eroberte als Sympathieträger die ganze Welt. Jeder, der etwas auf sich hielt, musste nach Prag«, schreibt sein Biograph John Keane. – Und wo traf man sich dann? Auf dem Wenzelsplatz, im wunderbaren *Café des Grand Hotel Evropa*, zweistöckig, 1889 erbaut, 1905 mit noch mehr Jugendstil verschnörkelt. Die Statuengruppe auf der Vorderfront stammt von Ladislav Šaloun, als Bildhauer für die glattesten bronzenen Popos des Art déco berühmt. Mich erfasst jedes Mal eine andächtige Stimmung, wenn ich diesen edlen Mahagonisalon betrete. Das starre Lächeln der Sphinx grüßt hinter der Tür. Das geschliffene Glas der Kristallleuchter zerstreut das Licht wie Diamantensplitter. Die Illusion, man würde sich an Bord der Titanic befinden, packte auch Frank Zappa. Er wollte das Hotel sofort erwerben, um daraus ein Museum der Hippie-Kultur zu machen. Die Erben des Hotelgründers Šroubek (sprich Schroubek) lehnten das Angebot dankend ab. Bisher bereuten sie das auch nicht.

Der Caféhauspianist. Natürlich spielt er im *Café Slávia*, am Abend. Vorher greift er aber im *Café Evropa* in die Tasten, am Nachmittag. Im Sommer 1995 saß ich hier täglich an einem der Marmortischchen, als Chefredakteur des

Dobrý večerník (der guten Abendzeitung), denn die Redaktion lag gleich nebenan. Durch die mit Bögen überdachten Fenster verfolgte ich gedankenverloren den Trubel draußen, fühlte mich dabei wie ein Fisch in einer Glasvase dekoriert, mit floralen Kränzen und Bändern. Die Empore in Rondellform blieb meist geschlossen. Die Kellner hatten keine Lust, über die knarrende Treppe nach oben zu wandeln. Womöglich wollten sie nur das edle Holz schonen. Jedenfalls, an diesem Ort der nostalgischen Gipfelillusion bekam ich einen Brief, anonym geschrieben, von einem Kellner mit unbekannten Grüßen aus der Redaktion überreicht. Darauf stand: »Die Deutschen brachen 1939 in Prag ein, fraßen die Konditoreien leer, kotzten Sahne auf der Straße ...«. Dieser Denkzettel sollte mir zu verstehen geben, was man von einem Exil-Journalisten, zum Prager Schreibtisch zurückgekehrt, hielt. Das Dilemma war sogar Václav Havel nicht unbekannt: »Die Tschechen sind ein Volk, das ständig seine Tragödien beschwört«, diagnostizierte er in seinem Buch »Fassen Sie sich kurz«, und er mahnte seine Landsleute. »Wir müssen endlich lernen, nach vorn zu schauen, voller Optimismus.« Der Pianist spielte, während ich über das fragile deutsch-tschechische Verhältnis sinnierte, zufällig eine Polka, die um die ganze Welt ging: »Rosamunde, schenk' mir dein Herz und sag ja! / Rosamunde, frag' doch nicht erst die Mama.« – Der tschechische Titel lautet: »Škoda lásky« (Schade um die Liebe). 1938 wurden davon in Amerika eine Million Platten verkauft und der Komponist Jaromír Vejvoda erhielt dafür eine »Goldene«. 1945 meinte General Eisenhower, »dieses Lied hat zum Gewinn des Krieges beigetragen«. – »Lili Marlen« war das andere Schicksalslied. »Rosamunde« alias »Beer Barrel Polka« (englische Version), diesen Evergreen des Jahrhunderts sangen die Andrew Sisters und Billie Holiday, spielten Glenn Miller und Benny Goodman. Im *Café Evropa* traf ich viele Deutsche, die meinten: »Schön, in Prag auch deutsche Lieder zu hören.« Dieser Irrtum wurzelt fest in den teutonischen Schädeln.

»Sag' Vögelchen, wo liegt dein Nest ...« So trällert Karel Gott in seinem 68. Lebensjahr. Ein neues Lied, aber immer noch so herrlich altmodisch und schnulzig. Die Bedienung im *Café Písecká brána* (Sandtor) dreht das Radio auf. Noch lauter für Gott. Was an Bildern an den Wänden hängt, erinnert an Dick und Doof. Das tschechische Pendant zu Laurel & Hardy hieß Voskovec & Werich, ein Komikerduo des tschechischen Kinos der 1920er- und 1930er-Jahre, jene Gründungsmitglieder des Kunstvereins Devětsil. Ein Sammler stiftete seine V & W-Kollektion für das Sandtorcafé, bevor sie in Schachteln ungeachtet vergilbte. Damit wanderte ein ruhmreiches Stück *Café Slávia* in die Peripherie. Zu Mozarts Zeiten, 1791, verlief an dieser Stelle die Stadtgrenze. Der Weg gen Norden führte durch einen Erdwall. Wo die Wachposten ihre Stube hatten, da stehen jetzt Tische, Stühle und eine langgezogene Theke. Der Eingang liegt unterirdisch in diesem Tunnel versteckt, grob aus roten Ziegeln gemauert. Großpaneele stehen dort. Furchtbares ist darauf ausgestellt: Hinrichtungen von Priestern, erschossene Menschen am Stacheldraht, auch Frauen, Folterkammern mit elektrischen Drähten, nebenan Zahlen von Opfern des Kommunismus. Namen von Hunderten, Tausenden Toten. Doch dieser Tunnel der Grausamkeiten, als Teil eines zeitgeschichtlichen Museums der sozialistischen Ära, ist kein ideologischer Scharfmacher mehr. Diese Verbrechen verübten ohnehin die Tschechen an sich selbst, nicht die »bösen« Deutschen. Die Einwohner von *Dejvice* kommen auf dem Heimweg auf einen Sprung vorbei, weil es hier unter dem Gewölbe so schön klingt, wenn Gott singt. Und der Apfelstrudel wie einst bei der Großmutter schmeckt.

Als Rilkes Häuserzeile wird das linke Moldau-Ufer bezeichnet, zwischen der Jirásek- und der Legienbrücke. »Die

Decke im Original: Das Café Savoy zählt zu Prags feinen Adressen.

kunstvollen Fassaden, darauf die Ritter von Feen umschwirrt, kamen mir stets wie in einem Märchen vor«, vermachte uns der Dichter schriftlich. In einem dieser Prachthäuser wohnte er auch. Das *Café Savoy*, 1893 um die Ecke eröffnet, war viel vornehmer als das Slávia auf der gegenüberliegenden Moldauseite. Heute, nach zwei gescheiterten Revitalisierungsversuchen, glänzt es erneut wie damals. Die Croissants duften. »So schmeckten sie früher mal in Paris, bestätigen uns die Franzosen«, frohlockt der Geschäftsführer. Prager Schinken, warm, marinierter Lachs, mild, Pralinen aus eigener Konditorei, lecker. Doch die Maxime, die erstreckt sich über die Decke. Diese goldverzierten Kassetten, so stilrein für die Neorenaissance, so makellos auch original erhalten, könnten das Nationaltheater schmücken. Das Kuriose dabei: Fast 80 Jahre lang war dieser Schatz versteckt. Der ursprüngliche Besitzer zog beim Ausbruch des Ersten Weltkriegs eine Zwischendecke ein, um Barbarei oder Diebstahl zu verhindern. Irgendwann verkümmerte das Café zu einem Krämerladen. Während des Sozialismus unterhielt die kommunistische Partei hier ein Büro für die Anwerbung neuer Mitglieder. Die Überraschung bei der Renovierung 1993 war unbeschreiblich, als über den verstaubten Regalen dieses wertvolle Kunstwerk wieder ans Tageslicht gelangte. Zwei Weltkriege und den Kommunismus überstand dieses Kleinod unberührt. Zwischen dem Gerümpel oben fand man noch einen Programmzettel, gedruckt 1918, für den letzten Auftritt eines jüdischen Wandertheaters. *Savoy* war ein bevorzugtes Café der Prager Juden, als Industriegründer im Stadtteil *Smíchov* die reiche Schicht. Das neue Publikum ist auch wieder schick. Tagesoutfits und Cocktailroben – man sieht Kleider, die beides sein könnten. Ein altes jüdisches Lied kommt mir in den Sinn: »Bei mir biste scheen …« – deshalb gehe ich am liebsten ins *Savoy*. Nehme einen Gedichtband von Rainier Maria Rilke mit, bestelle einen Mango-

Punch, und was ich rund um mich in den Kristallspiegeln sehe, finde ich in Rilkes Poesie wieder: »… dann gießt sie ihre Haare in den Spiegel und, die wunderbare Schulter hebend aus dem Abendkleid, trinkt sie still aus ihrem Bild. Sie trinkt, was ein Liebender im Taumel tränke.« Ich bin mir ziemlich sicher, der Dichter hatte sich für diese Zeile im Savoy inspiriert.

Danksagung

EINE ALTBÖHMISCHE LEGENDE ERZÄHLT von einem mythologischen Heer, das die Nation der Tschechen retten wird, sollte sie einmal von Feinden schlimm bedrängt in höchste Not geraten. Bis diese Stunde schlägt, schlummern jene Ritter des heiligen Wenzels versteinert in einer Grotte. Sie befindet sich im Berg Blaník, in südböhmischen Gefilden, nahe der hussitischen Stadt Tábor. Das Felsentor ist offen, damit man drinnen im Bergmassiv den Appell zur Hilfe auch hören kann. Der erkorene Rufer steht in Prag neben der Karlsbrücke, auf der Rolandsäule: Ritter Bruncvík mit seinem sagenumwobenen Schwert. Ob er seiner verantwortungsvollen Aufgabe gewachsen ist? Der Volksmund meldet Zweifel an, denn das Heilige Heer hätte eigentlich schon öfter ausrücken müssen – zuletzt, als der Prager Frühling von den Panzern der Sowjets überrollt wurde. Wo ist es denn da geblieben?

Meine Ritter waren von Anfang an gleich zur Stelle, um mir zu helfen, einen langjährigen Wunsch zu erfüllen: Ein Buch über Prag zu schreiben, persönlich und mit Herzblut, mit Ansichten und Einsichten und mit eigenen Fotos illustriert. Die Rolle der »Rolandsruferin« übernahm meine Agentin, Sigrid Bubolz-Friesenhahn, dafür mein erster Dank. Dem Herbig Verlag, vor allem Dr. Carmen Sippl mit ihrem ausgeprägten »Sensus« für Prag, bin ich für die harmonische Zusammenarbeit sehr verbunden. Für das einfühlsame Lektorat möchte ich mich ganz herzlich bei Anne Filsinger bedanken.

Als einen besonders tapferen Ritter muss ich Dieter Heisig erwähnen, der den Mut hatte, mir in manchen Dingen zu widersprechen – das war hilfreich, um die überbordende Themenfülle zu bewältigen. Dass der Prager SZ-Korrespondent Klaus Brill trotz seines prall gefüllten Terminkalenders für mich Zeit fand, schätze ich ebenfalls sehr. Für die praktische Unterstützung bedanke ich mich bei Marek Dian (Your Prague Hotels) und Miroslav Rončák (CzechTourism). Besonderes Lob und besonderer Dank gebühren meiner Frau Liane. Wie die orakelhafte Fürstin Libussa (die Prag-Gründerin) wies sie mir den richtigen Weg, wie und was ich über Prag am besten erzählen sollte. Als erste Leserin kann ich mich stets auf ihr Urteil verlassen.

So bleibt mir nur noch anzumerken: Für etwaige Fehler (sollten sich welche trotz sorgfältiger Überprüfung eingeschlichen haben) schiebe ich die Schuld nicht auf irgendein himmlisches Heer. Dafür bin ich ganz und gar allein verantwortlich.